선생님이 들려주는 분쟁 이야기 ❸

초판 1쇄 펴낸 날 | 2014년 11월 30일
초판 2쇄 펴낸 날 | 2015년 9월 18일

글 작가 | 차은숙
그림 작가 | 정지원

펴낸이 | 이영남
펴낸곳 | 생각하는책상
등록 | 2013년 5월 16일(제2013-000150호)
주소 | 서울시 마포구 상암동 월드컵북로 400번지 문화콘텐츠센터 5층 창업보육센터 11호
전화 | 02-338-4935(편집), 070-4253-4935(영업)
팩스 | 02-3153-1300
메일 | td4935@naver.com
편집 | 정내현
디자인 | 솜사탕

ⓒ 차은숙
ISBN 978-89-94943-15-9(74900)
   978-89-94943-14-2(세트)

※ 이 책에 쓴 사진은 해당 사진을 보유하고 있는 단체와 저작권자의 허락을 받아 게재한 것입니다.
※ 저작권자를 찾지 못하여 게재 허락을 받지 못한 사진은 저작권자를 확인하는 대로 게재 허락을 받고 통상 기준에 따라 사용료를 지불하겠습니다.
※ 생각하는책상은 스마트주니어의 어린이책 전문 브랜드입니다.
※ 이 책의 판매수익금 중 1%는 플랜코리아에 기부됩니다.
※ 이 도서의 국립중앙도서관 출판예정도서목록(CIP)은 서지정보유통지원시스템 홈페이지 (http://seoji.nl.go.kr)와 국가자료공동목록시스템(http://www.nl.go.kr/kolisnet)에서 이용하실 수 있습니다.(CIP제어번호: CIP2014033875)

선생님이 들려주는 분쟁 이야기 ③

아프리카 아메리카

글 차은숙 · 그림 정지원

생각하는책상

차례

추천사 • 6
저자의 말 • 10

01 시에라리온: 피의 다이아몬드와 소년병

1. 외다리 축구 클럽 • 14
2. 시에라리온, 피의 다이아몬드 • 19
3. 전쟁이 만든 비극, 소년병 • 25
4. 시에라리온의 별 • 30

더 알고 싶어요!: 세계의 인권 관련 기구 • 34

02 콩고민주공화국: 휴대폰과 고릴라

1. 휴대폰 좀 찾아 주세요! • 38
2. 풍부한 천연자원 때문에 고통받는 나라 • 43
3. 아프리카의 세계 대전, 콩고 전쟁 • 48
4. 고릴라가 살 곳이 없어요 • 53

더 알고 싶어요!: 르완다 대학살 • 52

03 수단: 페페의 희망 편지

1. 희망 편지 • 60
2. 21세기 지구촌 최대의 비극, 다르푸르 내전 • 64
3. 기후 변화와 물 부족이 전쟁을 부른다고? • 72
4. 페페에게 보내는 편지 • 77

04 소말리아: 해적이 되기 싫어요!

1. 내 꿈은…… • 82
2. 아프리카의 뿔 소말리아 • 86
3. 해적의 나라 소말리아 • 91
4. 굶주리는 아프리카 • 96

더 알고 싶어요!: 굶주림의 원인 • 101

05 멕시코: 사파티스타, 달팽이 자치

1. 벽화 마을 여행 • 104
2. 벽화의 나라, 멕시코 • 107
3. 가장 가난한 곳에서 일어난 사파티스타 봉기 • 113
4. 달팽이 자치 • 118

06 콜롬비아: 어린이, 평화의 파수꾼이 되다!

1. '지구가 100명의 마을이라면' • 124
2. 커피와 내전의 나라 • 128
3. 마약과 납치, 그리고 평화를 위한 노력 • 133
4. 평화를 위한 어린이 명령 • 139

교과 연계 • 144

:: 추천사 1

지구촌 아이들의 꿈

　현대를 살아가는 학생들에게 내전과 난민이라는 두 단어는 익숙하지 않을 것입니다. 뉴스를 통해 내전과 난민과 지구촌의 다양한 빈곤 문제에 대해 접해 온 어른들 역시 당장 내가 사는 나라에서 일어나는 일, 내가 오늘 하루를 살아갈 때 겪어야 할 일이 아니기에 나와는 상관 없는 머나먼 나라의 일이라고 생각할 것입니다.

　맞습니다. 내전과 난민이라는 이슈는 대한민국에서 멀리 떨어진 아프리카나 남미에서 많이 발생하는 문제입니다. 하지만, 우리에게도 6·25 전쟁이라는 시련이 있었습니다. 그때 많은 사람들이 고향을 떠나거나 난민이 되어야만 했던 사실을 잊지 말아야 할 것입니다. 또한, 대한민국은 아직까지도 남과 북이 분리되어 살아가는 지구상의 하나 남은 분단국가입니다. 내전과 난민이라는 문제는 거리상으로 멀리 떨어진 아프리카나 남미에서만 일어나는 문제가 아니라 이렇게도 우리의 마음속에서조차 멀리 자리한 문제가 아닐런지 생각해 봅니다.

　국제 아동 후원 단체 플랜코리아 역시 전 세계 50개 수혜국에서 지역 개발 사업을 진행하다 보면 내전의 고통 속에 난민으로 고생하는 많은 사람을 만나게 됩니다. 특히 그 가운데 어린이들은 가장 취약한 계층으로 어른들이 만들어 낸 내전의 가장 큰 희생양이 됩니다.

　지구 반대편에서 일어나는 일이지만 우리 모두의 관심과 사랑이 있다면 그

고통은 절반이 됩니다. 이 책과 함께 하는 선생님 그리고 아이들, 더불어 플랜코리아까지 함께 고민하고 마음을 나눈다면 지구촌의 모든 아이들이 행복해질 수 있지 않을까요?

-국제 아동 후원 단체 플랜코리아

콩고민주공화국의 난민

:: 추천사 2

평화를 꿈꾸고 만드는
'Peacemaker'가 되기를

2013년 봄이었다. 개성공단 가동이 멈추었고, 그곳에서 일하던 사람들 모두가 남한으로 되돌아왔다.

곶자왈작은학교 아이들과 이 상황에 대해 이야기를 나누었다.

아이들은 남북한 지도자들을 도저히 이해할 수 없다고 했다. 은근히 이 상황을 즐기는 어른들도 보기 싫다고 했다. 왜 그랬을까? 아이들 생각은 간단하지만 틀림없는 것이었다.

"전쟁은 안 돼요, 전쟁은 모든 것을 불태워요. 이젠 전쟁 대신 평화를 가꾸어요. 모두 함께 손잡아요."

아이들은 그런 마음으로 시를 쓰고, 손 팻말을 만들었다.

그해 봄, 곶자왈작은학교 아이들은 비무장지대로 여행을 다녀왔다. 오두산통일전망대, 임진각, 고성통일전망대에서 아이들은 손에 잡힐 듯 북한의 모습을 살필 수 있었다. 남북 사이에 굳게 닫힌 철문을 보며 무척 안타까워했다. 혹시 휴전선 너머 북한 사람들이 들을 수 있을까 해서 오카리나 연주도 했다. 철책에서 멈춘 증기기관차를 끌고 북쪽으로 넘어가는 퍼포먼스도 했다. 그렇게 아이들은 남북 사이의 평화와 통일을 빌고 또 빌었다.

"내가 어른이 되면 굳게 닫힌 철문이 진짜 활짝 열리면 좋겠다. 그래서 서로 한라산과 백두산을 마음대로 오가고, 같이 손잡고 놀면 좋겠다. 걱정 없고 평화로운 세상이 되면 좋겠다."

곶자왈작은학교에서는 2007년부터 '아시아 미래 세대 어깨동무 프로젝트'를 진행하고 있다. 이 프로젝트는 아시아 분쟁 지역의 어린이들이 놀고 쉬며 춤을 추고 책을 읽을 수 있는 평화 도서관을 짓는 데 힘을 보태는 일이다. 아시아 분쟁 지역을 여행하면서 그곳 어린이들과 함께 어울리며 아픔을 나누고 희망을 나누는 일이다. 해마다 한두 차례 어린이 평화 장터를 열어 지금껏 거의 2500만 원을 모았고, 이 기금을 티베트, 바그다드, 아체, 동티모르, 민다나오, 다람살라, 미얀마, 베트남 등에 보냈다.

곶자왈작은학교 아이들은 전쟁이 없는 평화로운 세상을 꿈꾸고 있다. 평화로운 세상을 위해 미래 세대가 할 수 있는 일을 찾는다.

책을 읽고, 영상을 보고, 이야기를 듣고, 직접 현장을 찾고 있다. 그래서 이 책 『선생님이 들려주는 분쟁이야기 3』의 출간이 더욱 반갑고 기쁘다. 아이들이 이 책을 보며 분쟁을 더 깊이 이해하고, 평화의 소중함을 더 깊이 깨달을 수 있을 거라 여겨지기 때문이다.

우리나라 어린이들이 이 책을 읽고 남북의 평화와 통일, 세계의 평화를 꿈꾸고 만드는 'peacemaker'가 되기를 바란다.

– 문용포 • 제주 곶자왈작은학교 대표 교사

:: 저자의 말

아이들이 살기 좋은 세상

우리가 사는 세상인 지구 마을에는 20억이 넘는 어린이와 청소년이 있어요. 이들은 태어난 곳, 피부색과 종교, 문화와 언어가 서로 달라요. 그렇지만 이들은 지구 마을의 미래를 함께 만들며 살아갈 친구들이죠.

아이들은 누구나 부모의 따듯한 사랑을 받고, 공부하고 놀며 건강하게 자라고, 평화롭게 살아가기를 원해요.

그런데 그런 것이 단지 희망일 뿐인 아이들이 있어요. 분쟁 지역의 아이들이 그래요. 분쟁 지역의 아이들은 생명을 지키며 안전하게 살아나갈 권리, 배고프지 않을 권리, 교육받을 권리 같은 기본적인 권리도 누리지 못한 채 살아가고 있어요.

"싸우지 마!"

어른들이 아이들에게 가장 많이 하는 말이에요.

그렇지만 이런 말을 하는 어른들은 지구 곳곳에서 분쟁을 벌이고 있어요. 민족과 종교가 달라서, 또는 영토나 자원을 차지하기 위해서 서로 싸우고 있는 거예요. 분쟁 지역에 사는 아이들은 어떻게 살고 있을까요?

세계의 분쟁 지역에 살고 있는 아이들은 당연히 누려야 할 권리를 누리지 못하고 살아가고 있어요. 학교에 가서 공부할 수도, 친구들과 맘껏 놀 수도 없어요. 배고픔과 질병, 사랑하는 가족이나 친구와의 이별, 소년병 등 커다란 고통을 겪고 상처를 받아요.

  우리 주변에서는 크고 작은 싸움이 일어나거나 폭력, 차별, 왕따 같은 문제가 생겨요. 이런 일이 생기면 누구나 어려움을 겪게 되어요. 분쟁 지역에서 사는 사람들은 훨씬 더 많은 문제와 어려움을 겪고 있어요.

  주변에서 일어나는 일처럼 다른 나라의 분쟁에 대해서도 관심을 갖도록 해 보아요. 분쟁 때문에 어떤 어려움을 겪고 있는지, 그리고 왜 싸우고 있는지 알아보아요. 그리고 어떻게 하면 분쟁 지역에 사는 친구들을 돕고 지켜 줄 수 있을까 생각해 보아요.

  분쟁으로 모든 것이 부서진 것 같지만 그래도 그곳에서 미래를 꿈꾸며 사는 아이들의 희망, 그것은 바로 평화예요.

  분쟁 지역 아이들의 희망인 평화!

  지금, 이곳에 사는 우리도 함께 꿈꾸고 응원해요. 그리고 그 친구들과 지구 마을 시민으로 평화롭게 함께 살아가요.

  아이들이 살기 좋은 세상이 모든 사람이 살기 좋은 세상이라고 해요. 그런 세상을 우리가 함께 만들어 갔으면 좋겠어요.

-차은숙

Sierra Leone

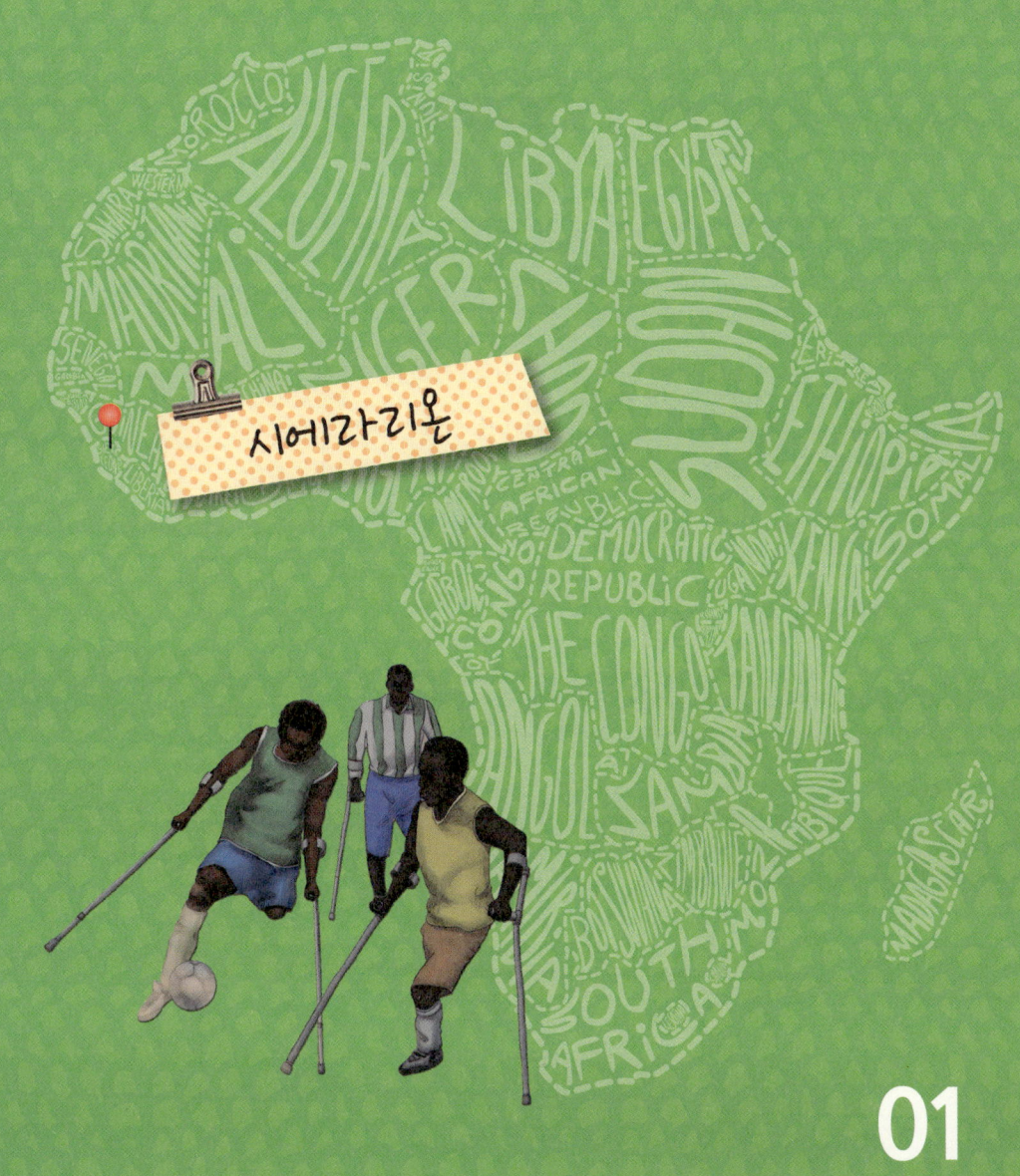

시에라리온

01

피의 다이아몬드와
소년병

Sierra Leone

1. 외다리 축구 클럽

"아얏! 아파!"

축구하다 넘어져 무릎이 잔뜩 긁힌 준혁이는 걸을 때마다 큰 소리가 저절로 나왔다.

'쳇! 분명히 일부러 그랬을 거야.'

준혁이는 생각만 해도 화가 났다.

'이번에도 민수 때문에 졌어! 못하면 가만이나 있지.'

공격수인 준혁이는 자기 팀인 민수와 부딪쳐 넘어졌다. 결국 한 골도 넣지 못했고, 준혁이네 팀인 6반은 7반에게 2대 0으로 졌다.

민수가 두 번이나 사과를 했지만 준혁이는 아무 대꾸도 하지 않았다.

교실로 돌아온 준혁이는 다친 무릎을 살펴보았다.

"준혁이 다쳤구나! 어서 보건실에 가야겠다."

선생님이 놀라서 목소리를 높였다.

"선생님, 민수가 밀었어요. 그래서 졌어요."

"민수가 일부러 그랬겠니?"

"네! 민수는 내가 자기보다 축구를 잘한다고 질투하는 것 같아요!"

"너희는 왜 같은 팀끼리 싸우고 그러니? 그러니까 경기에서도 졌지!"

"선생님! 전 이제 축구 못해요! 이 다리로 어떻게 축구를 해요?"

"준혁아. 너, 외다리 축구 클럽이라고 알아?"

선생님은 처음 들어 보는 축구 클럽의 이름을 물어보았다.

"외다리 축구 클럽이요? 그런 클럽도 있어요?"

"응. 선생님도 얼마 전에 그런 클럽이 있다는 걸 알았어."

"외다리면 다리가 하나 밖에 없는 거 아니에요? 그러면 축구를 못하잖아요?"

"맞아. 그런데 그 아이들이 아주 멋지게 축구를 잘한다더라!"

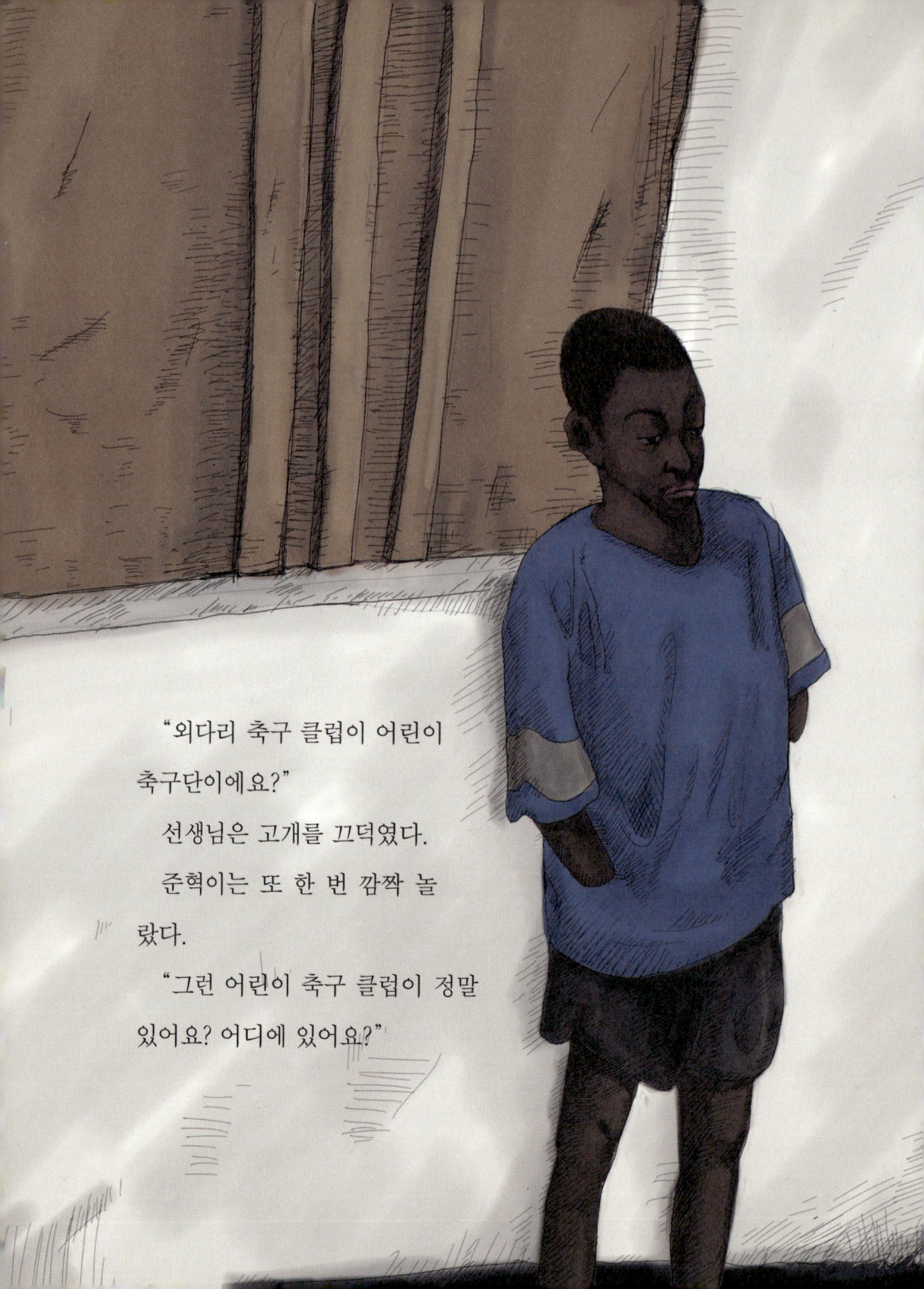

"외다리 축구 클럽이 어린이 축구단이에요?"
선생님은 고개를 끄덕였다.
준혁이는 또 한 번 깜짝 놀랐다.
"그런 어린이 축구 클럽이 정말 있어요? 어디에 있어요?"

"아프리카에 있는 시에라리온에 있어. 그 나라에는 팔다리를 다친 아이들이 무척 많아."

"선생님, 시에라리온에는 왜 그렇게 다친 아이들이 많아요?"

"같은 나라 사람들끼리 서로 싸운 전쟁 때문이야. 어른들이 일으킨 전쟁 때문에 아이들이 많이 다쳤어. 전쟁에서 사람들의 팔과 다리가 잘리는 끔찍한 일이 일어났대. 그런 일을 겪은 아이들이 슬픔을 이겨 내려고 축구 클럽을 만들었고, 축구를 하면서 희망을 되찾고 있대."

준혁이는 외다리 축구 클럽 이야기를 처음 들었을 때, 믿어지지가 않았다.

"준혁아, 민수랑 같이 보건실에 다녀오면 선생님이 좀 더 자세히 이야기해 줄게."

"네."

준혁이는 보건실에서 치료를 받으며 민수와 이야기했다.

"아무래도 믿어지지가 않아."

"그러게. 목발을 짚고 뛰며 어떻게 축구공을 차지?"

교실로 돌아왔을 때, 교실 TV에는 인터넷 화면에 외다리 축구 클럽의 경기 사진과 기사가 떠 있었다.

선생님은 다른 사진과 기사도 보여 주었다.

그 아이들은 세상에서 가장 열심히 축구를 하는 것 같았다.

외다리 축구 클럽 아이들과 시에라리온이라는 나라가 궁금해진 준혁이에게 선생님이 말했다.

"준혁아, 시에라리온은 어떤 나라인지 선생님과 함께 알아볼까?"

2. 시에라리온, 피의 다이아몬드

시에라리온은 아프리카 서쪽 끝에 있는 나라인데 다이아몬드로 유명해. 국토 면적은 한반도의 3분의 1정도이고, 인구는 640만 명 정도야. 수도는 프리타운이지. 시에라리온 북쪽과 동쪽은 기니, 남동쪽은 라이베리아와 국경을 맞대고 있어.

시에라리온은 1787년 영국에서 해방된 노예들이 아프리카로 돌아와서 만든 나라야. 1896년 시에라리온은 영국의 식민지가 되었는데 곳곳에서 영국의 식민 통치에 맞서 저항을 했지.

시에라리온은 1961년에 독립을 했어. 그렇지만 독립 후에 정권을 둘러싼 권력 다툼과 고위 관료들의 부정부패가 계속되었어. 그래서 시에라리온은 빈부 격차가 자꾸 커지고 국민들의 불만도 더욱 쌓여만 갔지.

1991년 내전이 일어났어. 내전이란 한 나라 안에서 일어나는 전

⊙ 시에라리온

쟁을 말해. 시에라리온 내전은 2002년까지 11년 동안이나 계속되었지. 이 전쟁으로 20만 명이 넘게 죽었고, 7천 명의 소년병이 생겼으며, 4천 명이 넘는 사람들이 손과 발이 절단되는 끔찍한 일이 일어났다고 해. 오랜 내전으로 인해 시에라리온 인구의 3분의 1정도인 200만 명이 넘는 사람들이 고향을 떠나 난민이 되고 말았어.

이 불행한 내전은 다이아몬드와 관련이 있어. 시에라리온은 품질 좋은 다이아몬드로 유명해. 시에라리온에서는 '시에라리온의 별'이라는 세계에서 세 번째로 큰 다이아몬드가 발견되기도 했단다.

다이아몬드는 옛날에는 왕이나 귀족들만 지닐 수 있었던 드물고

귀한 보석이야. 그런데 19세기 후반 남아프리카에서 대규모의 다이아몬드 광산이 발견되었고 다이아몬드를 캐내는 채굴법과 세공법도 발전을 거듭했지. 요즘에는 일반인들도 다이아몬드를 영원한 사랑을 상징하는 보석으로 많이 이용한단다.

시에라리온의 별 세계에서 세 번째로 큰 986.6 캐럿짜리 다이아몬드

시에라리온에서는 1930년 다이아몬드 광산이 발견되었어. 다이아몬드는 색상과 투명도, 무게 등에 따라 가치가 결정되는데 시에라리온에서 생산되는 다이아몬드는 화려한 빛과 광채로 높은 가격에 거래되고 있지. 그렇지만 시에라리온은 세계에서 가장 가난한 나라야.

비싼 보석인 다이아몬드가 많이 생산되는데 왜 가난할까?

그 이유는 블러드 다이아몬드* 때문이야. 내전 지역에서 생산되어 몰래 유통되는 다이아몬드를 블러드 다이아몬드라고 하지. 피의 다이아몬드 말이야.

블러드 다이아몬드 때문에 독재자와 군벌들은 전쟁을 계속할 수 있어. 군벌이란 군사력을 배경으로 정치적 특권을 차지한 세력을 말해. 군벌들은 다이아몬드를 팔아서 벌어들인 돈으로 무기를 사서 전쟁을 하지. 시에라리온 사람들은 다이아몬드를 많이 생산하면 할수록 전쟁의 고통을 짊어져야 하는 거야.

시에라리온의 내전은 1991년 포데이 산코*를 지도자로 하는 혁명연합전선RUF이 일으켰어. 그런데 내전이 일어난 후에는 정부군과

반군이 서로 다이아몬드를 차지하기 위해
더욱 치열하게 싸웠어.

혁명연합전선RUF 반군은 다이아몬드 광산을 차지하고, 그곳에서 생산되는 다이아몬드를 이웃 나라인 라이베리아의 찰스 테일러* 대통령에게 팔았지. 찰스 테일러는 대신 반군에게 새로운 무기와 병사들을 지원했어.

> **Tip**
>
> - 블러드 다이아몬드: 아프리카 등 전쟁 중인 지역에서 생산되어 거래되는 다이아몬드를 일컫는 용어이다. 피처럼 붉은 다이아몬드가 아니라 '피 묻은 다이아몬드'를 의미한다. 독재자, 군벌들이 블러드 다이아몬드를 판 수입금으로 무기를 구입하는 등 전쟁을 하는 데 필요한 비용을 충당해 왔기 때문에 '블러드 다이아몬드'라는 이름이 붙었다
>
> - 포데이 산코(1937~2003): 시에라리온 반군의 지도자. 1991년 반란을 일으켰으나 1999년 로메 평화 협정으로 전쟁 범죄를 사면 받았다. 그러나 2000년 그가 이끌던 혁명연합전선(RUF) 반군들이 국제연합 평화유지군 병사들을 죽이고 인질로 잡는 사건과 시위대를 향해 발포한 사건 등으로 체포되어 재판을 기다리다 2003년 감옥에서 죽었다.
>
> - 찰스 테일러(1948~): 라이베리아의 전 대통령. 반군인 라이베리아애국전선(NPFL)을 이끌며 내전을 벌인 군벌 지도자. 1990년대 벌어진 제1차 라이베리아 내전이 끝나고 1997년 대통령으로 당선되었다. 그러나 2003년 국제연합 국제사법위원회가 테일러에 대해 전쟁 범죄 혐의로 체포 영장을 발부하자, 대통령을 사임하고 나이지리아로 도망하였다가 체포되었다.

새로운 무기로 중무장을 한 반군은 대규모 다이아몬드 광산을 계속 점령해 나갔어. 그리고 이들은 점점 더 잔인해졌지. 반군을 반대한 사람들은 어른, 아이 가리지 않고 도끼로 손목과 발목을 자르기까지 했어. 이런 일은 전쟁 중에 일어난 일 중에서도 가장 끔찍한 일이야.

블러드 다이아몬드 Blood Diamond
에드워드 즈윅 감독 / 2007 / 미국 / 142분

그리고 아이들을 납치해 소년병을 만들어 전쟁을 치르게 했어. 그래서 시에라리온 내전은 20세기에 일어난 가장 잔혹한 전쟁으로 불린단다.

3. 전쟁이 만든 비극, 소년병

준혁이는 시에라리온 사람들이 겪은 전쟁에 대해 듣고 나니, 외다리 축구 클럽이 더 궁금해졌다. 그런데 외다리 축구 클럽의 선수들

중에는 전쟁의 또 다른 피해자인 소년병이 많다고 했다.
"선생님, 소년병이 뭐예요?"
"소년병은 나이가 겨우 10살 남짓한 아이들로 미성년자야. 아이들이 어른처럼 총을 들고 전쟁에 참가해서 전투를 한단다."
"내 또래의 친구들이 총을 들고 전쟁을 한다고요?"

"준혁아, 우리가 사는 지구에는 많은 나라가 있고 많은 사람이 살고 있어. 전쟁 또한 끊이지 않아. 2001년 4월부터 2004년 3월까지 20여 개국에서 전쟁이 일어났는데, 그중 10여 개국에서는 소년병을 전방 최전선에 배치했다는구나."

"어린이들이 왜 전쟁을 해야만 하죠?"

"어른들 때문이지! 전쟁 지역에 사는 아이들이 학교 가는 길에, 심부름을 가다가, 밤에 집 밖으로 나왔다가 강제로 납치를 당한 다음, 소년병이 되어 전쟁터에서 총을 들게 되는 거야"

"세상에나! 그런 소년병이 많아요? 아이들이 전쟁에서 무슨 일을 해요?"

"소년병의 정확한 숫자는 몰라. 그렇지만 수십 만 명이 될 것이라고 해. 아이들은 전투를 하기도 하고, 짐꾼이나 심부름꾼이 되기도 해."

"아이들이 어떻게 그렇게 무서운 일을 해요?"

준혁이는 믿을 수가 없었다.

"어른들도 두려운데 아이들이 제정신으로 전쟁을 할

수는 없지. 나쁜 어른들이 아이들에게 마약을 먹인다고 해. 어른들이 소년병에게 겁을 주어 전투에 참여하도록 명령을 내리고, 두려움을 없애기 위해 마약을 먹여 잔인한 일을 저지르게 하는 거야. AK-47* 같은 소총은 10대 소년도 들고 다룰 수 있을 만큼 가볍고 단순하다고 해. 그래서 어른들은 아이들이 그런 무기로 끔찍한 짓을 저지르게 하는 거야."

"소년병의 부모들은 왜 가만히 있어요. 그 아이들은 학교에도 안 가요?"

준혁이는 소년병의 얘기를 들을수록 너무 슬펐다.

"전쟁이 나면 학교에도 다닐 수 없고, 부모들이 죽거나 다쳐서 아이들을 보살필 수가 없는 경우도 많아! 또 가족을 잃고 아무 데

Tip

- AK-47: 구소련의 자동 소총으로 독일의 G3, 미국의 M16 소총과 함께 세계의 3대 돌격 소총이라는 평가를 받는다. 설계자는 구소련군 하사관이었던 미하일 칼라시니코프이다. AK-47은 1947년 만들어진 칼라시니코프 자동 소총이라는 뜻이다. 북한에서는 아카보총이라고 부른다. AK-47은 사용하기 쉽고 고장이 적으며 파괴력이 강해 전 세계에서 가장 유명하고 많이 사용하는 소총이다.

도 갈 곳이 없어서 소년병이 되는 경우도 있지."

"너무 불쌍해요."

"비인간적인 소년병의 존재가 알려지자 국제 사회는 18세 미만의 아이들이 전쟁에 참여하는 것을 반대하는 운동을 벌였어. 1999년 국제연합 총회는 군대 징집 최소 연령을 18세로 높이기 위해 아동 권리 협약의 새로운 조례를 채택했지. 우리나라를 포함한 115개국이 이 조례에 서명했고, 77개국이 비준했어.

국제노동기구의 협약 182조는 소년병 징집을 최악의 어린이 노동으로 인정하고 있으며, 이 협약은 2004년 8월까지 150개국이 비준했지. 국제연합 안전보장이사회는 어린이를 소년병으로 징집하는 행위를 근절시키기 위한 국제적인 조치를 촉구하는 결의안을 채택했어.

2007년에는 프랑스 파리에 모인 58개국 대표들이 분쟁 지역에서 소년들이 군인으로 징집되는 것을 막도록 하는 '파리 서약'에 서명했어. 파리 서약은 어느 국가든지 어떤 이유에서라도 소년들을 무장시킬 수 없도록 했어. 그렇지만 이러한 국제 사회의 노력에도 불구하고 아직도 소년병은 존재해."

4. 시에라리온의 별

준혁이는 답답한 마음으로 물었다.

"선생님, 전쟁이 끝난 다음 소년병들은 어떻게 되었어요? 그리고 그토록 끔찍한 일을 저지른 어른들은 벌을 받지 않았나요?"

"소년병으로 참가했던 아이들은 전쟁이 끝났지만 아물지 않은 상처를 갖고 있지. 깊은 죄책감을 지닌 채 모든 것이 망가진 나라에서 살아가는 거야. 시에라리온의 끔찍하고 슬픈 내전은 국제 사회의 노력으로 2002년 끝이 났어. 혁명연합전선RUF의 포데이 산코는 체포되어 재판을 기다리다 죽었고, 라이베리아의 전 대통령인 찰스 테일러는 시에라리온 내전에 개입해 민간인 학살을 부추기고 도운 혐의로 네덜란드 헤이그의 국제형사재판소에서 50년형을 선고받았어."

"소년병으로 전쟁에 참가했던 아이들의 상처는 언제나 아물까요?"

"글쎄 말이다. 그 아이들의 상처가 아물기 위해서는 더 많은 노력과 시간이 필요하겠지. 국제 사회는 오랜 내전으로 인해 소년병 문제가 심각한 아프리카의 시에라리온, 라이베리아, 우간다, 수단 등에서 소년병을 위한 상담, 재활, 기술 교육 등의 인도주의적 지원을 하고 있지. 또 어린이에게 초점을 맞춘 지역 개발 사업, 평화 구축 및 화해 사업을 실시하고 있어. 그리고 소년병을 강제로 징집하는 것을 막기 위한 홍보, 교육 사업도 벌이고 있단다."

준혁이는 지금 이 시간에도 지구 어디에선가 소년병들이 총을 들고 전쟁의 한복판에 서 있다는 게 너무 무서웠다.

"전쟁을 그만두게 하려면 블러드 다이아몬드를 사지 않으면 되었잖아요? 그럼 소년병도 사라지는 거 아니었어요?"

"그렇지. 인권 단체인 국제앰네스티는 분쟁, 전쟁, 인권 침해 등을 불러오는 다이아몬드를 '분쟁 다이아몬드'로 규정하고 이를 막기 위한 캠페인을 벌였어. 사랑하는 사람에게 선물한 다이아몬드가 시에라리온에서 채굴되었다면, 그 다이아몬드에 지불한 돈은 무고한 사람들의 손발을 잘라버리는 혁명연합전선의 무기 구입 자금으로 쓰였을지도 모른다고 말이야. 다이아몬드를 보석으로만 생각했던 많은 사람들이 매우 놀랐지. 2003년 1월, 40개국이 남아프리카공화국의 킴벌리에 모여서 분쟁 지역의 다이아몬드 유통을 금지하는 협약에 서명했어. 전쟁 비용으로 충당되는 다이아몬드는 서로 팔지도 사지도 말자는 협약이었어. 이게 바로 '킴벌리 협약'이야."

준혁이는 천천히 고개를 끄덕였다.

반 아이들이 모두 한숨을 쉬며 안타까워했다.

"애들아 너무 슬퍼하지 마! 사람은 아무리 절망스럽고 힘든 상황에서라도 희망을 발견해 내는 존재니까."

"알아요! 외다리 축구 클럽의 한 아이도 인터뷰에서 그런 말을 했잖아요."

이번에는 민수가 말했다.

"그래?"

선생님이 민수에게 일어나서 이야기하라는 손짓을 했다.

"그 아이는 시에라리온이 평화를 얼마나 사랑하고 어떻게 전쟁을 극복했는지 보여 주고 싶다고 했어요. 그리고 시에라리온 아이들에게 축구는 희망을 의미한다고요."

선생님은 잠깐 동안 아무 말도 하지 않고, 교실 창밖을 바라보았다. 밝은 햇살이 쏟아져 들어온 교실 안은 아주 환했다.

"그래, 그 아이들 눈이 유난히 초롱초롱하던데, 다이아몬드보다 더 빛나는 소중한 꿈이 반짝였나 보다."

세계의 인권 관련 기구

플랜인터내셔널
Plan International

플랜은 영국의 저널리스트인 존 랭던 데이비스와 그의 친구 에릭 머거리지가 1937년에 설립한 세계 최대의 국제 아동 후원 단체이다. 에스파냐 내전의 종군기자로 참여하였던 존은 수많은 전쟁 고아들을 돕기 위해 '포스트 페어런츠 플랜'이라는 조직을 만들어 활동하였다. 당시 플랜의 활동 목표는 에스파냐 내전으로 고통받는 어린이들에게 음식과 쉴 곳, 그리고 교육을 지원해 주는 것이었다. 75년 이상의 역사를 지닌 국제 NGO 플랜은 국적, 정치, 종교를 초월하여 전 세계 8,000여명의 직원들이 활동하며 50개국 58,000개의 공동체에서 지금까지 5,650만 명의 어린이를 후원하고 있다.

국제앰네스티
Amnesty International

영국의 변호사 베네슨이 1963년 창설하였다. 런던에 있는 국제사무국을 중심으로 약 150여 개국에 800여 지부와 110여 개 이상의 지역 사무실을 두고 있는 세계 최대의 인권 단체이다. 정치 체제나 경제 체제를 초월하여 독립적이고도 공평하게 고문, 실종, 사형, 난민 등 인권 문제의 개선을 위해 활동하고 있다. 세계 평화와 인권 보호에 대한 공로로 1977년 노벨평화상과 1978년 국제연합 인권상 등을 받았다.

국제연합 인권위원회
United Nations High Commissioner for Human Rights
국제연합 인권이사회 United Nations Human Rights Council)

국제연합 인권위원회는 국제연합의 경제사회이사회 산하 위원회로 세계의 인권 보호 및 증진을 목표로 1946년 경제사회이사회의 첫 회담 때 창설되었다. 국제연합 회원국 모두가 서명한 국제연합 헌장 68조를 기반으로 창설된 조직이었다. 인권위원회의 권한 및 역할을 증대시켜야 할 필요에 의해 2006년 해체되고 국제연합 인권이사회가 이를 대체하여 활동하고 있다.

국제연합 인권고등판무관
OHCHR: Office of the High Commissioner for Human Rights

인권과 관련한 국제연합의 역할을 확대하기 위해 국제연합 인권고등판무관을 국제연합 사무총장 산하에 만들어서 관련 활동을 하고 있다. 국제연합 인권고등판무관실은 제네바에 본부가 있으며, 난민 문제를 비롯한 인권 관련 각국별 현안을 조정, 권고하는 일을 한다.

유네스코
UNESCO: United Nations Educational, Scientific and Cultural Organization
국제연합 교육과학문화기구

1947년 창설된 국제연합의 특별 기구이다. 기구의 목적은 국제연합 헌장에서 선언된 기본적 자유와 인권 그리고 법의 지배, 더욱 보편적인 정의의 구현을 위하여 교육, 과학, 문화를 통한 국제 협력을 촉진함으로써 평화와 안전에 기여하는 데 있다. 본부는 프랑스 파리에 있다.

유니세프
UNICEF: United Nations Children's Fund 국제연합 아동 기금

어린이를 돕는 국제연합 기구이다. 1946년 설립된 이래 전 세계 개발도상국 어린이를 위하여 영양, 식수 공급 및 위생 기초 교육, 긴급 구호, 특히 어려운 처지의 어린이 보호 등의 기본 사업을 펼쳤으며 그 가운데에는 인권과 평화 교육 사업, 어린이 보호 사업 등 어린이의 인권과 관련한 활동이 있다.

Democratic Republic of the Congo

콩고민주공화국

02
휴대폰과 고릴라

Democratic Republic
of the Congo

1. 휴대폰 좀 찾아 주세요!

현수는 가방 속을 몇 번이나 다시 찾아보았다.

분명히 집에서 나올 때는 가방 속에 있었는데, 아무리 찾아봐도 휴대폰이 보이지 않았다.

잃어버린 게 분명했다.

'엄마한테 어떻게 말하지?'

현수는 너무 걱정이 되었다.

"다시는 휴대폰, 잃어버리지 않을 거예요!"

현수는 3개월 전 최신형 스마트폰을 손에 쥐고 소리 높여 대답했었다.

그때도 휴대폰을 잃어버려서, 다시 산 것이었다. 그런데 또 휴대폰을 잃어버리다니!

현수는 지레 겁이 나서 집에 들어가지 못하고 놀이터에 있었다. 그네를 아무리 높이 뛰어도 신나지 않았다. 그네 위에서 마음이 이리저리 더 흔들리며 걱정만 커졌다.

'차라리 솔직하게 말하는 게 낫겠어!'

현관문을 열자마자, 엄마가 서 있었다.

"현수, 왜 이제 와?"

"그게…… 그러니까……."

현수는 마음과는 달리 우물쭈물했다.

"콜록, 콜록……."

현수는 기침이 났다. 갑자기 어질어질하고, 열이 나는 것 같았다.

"기침은 왜 해?"

엄마가 아무렇지도 않게 물었다.

"감기 걸렸나 봐요."

"현수 감기는 참 이상하네! 엄마한테 혼날 일이 있을 때마다 걸릴까 말까 하네!"

"콜록, 콜록……."

현수는 또 기침이 나왔다. 보통 때라면 엄마가 이마를 만져 봐야 하는데 지금은 어림도 없었다. 기침을 아무리 해 대도 잃어버린 휴대폰이 나오는 것도 아니다.

"현수야, 스마트폰은 어쨌어?"

"엄마, 아무리 찾아도 없어요. 어떻게 해요? 좀 찾아 주세요!"

현수는 울음이 섞인 목소리로 말했다.

"자기 방 책상 밑에 물건을 잃어버리는 아이도 있기는 하더라!"

엄마는 현수의 휴대폰을 내밀었다.

현수는 얼른 휴대폰을 받았다. 집에 두고 지금껏 마음을 졸이다니! 억울한 기분이 들었다. 그렇지만 휴대폰을 잃어버리지 않아 정말 다행이다.

"현수야, 스마트폰 관리 좀 잘해!"

"네, 저도 그러고 싶어요. 비싼 스마트폰을 잃어버린 줄 알고 얼마나 놀랐는데요."

"그래, 가격도 비싸서 문제지만, 잘 관리해야 하는 또

다른 이유도 있어! 우리가 쉽고 편리하게 사용하는 휴대폰 때문에 어떤 나라에서는 내전이 일어난대! 그곳 사람들이 얼마나 큰 고통과 슬픔에 빠져있는지 한번쯤 생각해 봐야 해."

"휴대폰 때문에 내전이 일어나요?"

"그래, 아프리카에서."

현수는 엄마 말이 믿기지 않았다.

"그뿐만이 아니라 휴대폰 때문에 고릴라가 살 곳도 없어졌대."

"휴대폰과 고릴라는 또 무슨 상관이 있어요?"

현수는 궁금해졌다.

"아프리카에 콩고민주공화국이라는 나라가 있어. 그 나라는 지하자원이 아주 풍부해. 콜탄이 특히 많이 매장되어 있는데 콜탄은 휴대폰을 만드는 데 꼭 필요한 광물이야. 그런데 이 자원은 콩고 사람들을 전쟁의 한복판으로 내몰았어. 그리고 숲에 사는 고릴라들은 살 곳이 없어져 멸종 위기에 처하게 되었고."

"콩고민주공화국은 어떤 나라예요?"

"엄마랑 같이 어떤 나라인지 알아보자."

2. 풍부한 천연자원 때문에 고통받는 나라

콩고 지역은 19세기 중반 리빙스턴*과 스탠리*가 탐험하면서 유럽에 알려졌어. 그 뒤 유럽 열강은 콩고 지역을 서로 차지하고 싶어했지. 결국 1885년 콩고 조약이 맺어지고 콩고 강 서쪽은 프랑스, 동쪽은 벨기에가 식민지로 지배하게 되었단다.

콩고는 1960년 독립을 했어. 콩고 강 서쪽은 콩고공화국으로, 콩고 강 동쪽은 콩고민주공화국으로 각각 독립했지.

콩고민주공화국은 독립 이후 정권 다툼과 내전으로 무척 혼란스러웠어. 쿠데타*도 일어났지. 1965년에는 모부투*가 군사 쿠데타로 정권을 잡은 후, 1971년에 나라 이름을 자이르공화국으로 바꾸기도 했다. 모부투는 미국의 지원을 받으며 32년간이나 독재 정치를 했어. 그러다가 1997년 반군에 의해 독재 정권이 무너지고 반군 지도자였던 로랑 카빌라*가 대통령이 되었지. 이때 나라 이름은 다시 '콩고민주공화국'으로 바꾸었단다.

콩고민주공화국은 면적이 한반도의 11배 정도이며, 아프리카에서는 수단, 알제리에 이어 세 번째로 큰 나라야. 수도는 킨샤사이고.

콩고민주공화국은 오랫동안 내전이 계속되고 있는데, 이 나라의

- 리빙스턴(1813~1873): 19세기 영국의 선교사·남아프리카 탐험가. 빅토리아 폭포와 잠베지 강을 발견하였다. 켈리마네 주재 영국 영사로 니아사 호 등을 탐험하였다. '노예 사냥' 실태를 폭로함으로써, 노예 무역 금지에 이바지하였다. 저서로는 『남아프리카 전도 여행기』 등이 있다.

- 스탠리(1841~1904): 영국 출신의 미국 언론인이자 탐험가로서 1871년 중앙아프리카에서 리빙스턴을 구조하여 널리 알려졌다. 1874~1877년에 중앙아프리카를 탐험하여 콩고 강의 지도를 작성하였으며, 1879~1884년에는 레오폴드 2세의 지원을 받아 콩고 강 유역에 레오폴드빌을 건설해 벨기에가 이 지역을 식민화하는 데 기여하였다.

- 쿠데타: 무력으로 정권을 빼앗는 일. 지배 계급 내부의 단순한 권력 이동으로 이루어지며, 체제 변혁을 목적으로 하는 혁명과는 구별된다.

- 모부투(1930~1997): 콩고민주공화국의 군인·정치가. 1960년 군(軍) 참모장으로 쿠데타를 일으켜 정권을 장악하고 1965년부터 1997년까지 32년간 독재 정치를 하였다. 1997년 로랑 카빌라가 이끄는 반군에게 축출 당해 모로코의 라바트로 망명했다가 죽었다.

- 로랑 카빌라(1939~2001): 콩고민주공화국의 정치인. 1996년 콩고 자이르 해방민주세력 동맹을 결성하여 무장 봉기를 일으켜 1997년 모부투 정권을 무너뜨리고 콩고민주공화국의 대통령이 되었으나 역시 독재 정치를 펴다, 2001년 쿠데타로 죽었다.

위치도 내전에 영향을 미쳤어. 콩고민주공화국은 아프리카 중부 내륙에 있는데, 9개의 나라가 둘러싸고 있어. 북쪽에 중앙아프리카공화국과 수단, 남쪽에 잠비아, 동쪽에 우간다, 르완다, 부룬디, 탄자니아, 서쪽에 콩고공화국과 앙골라가 있지.

이렇게 여러 나라에 둘러싸여 있다 보니 이웃 나라에서 내전이 일어나면 그

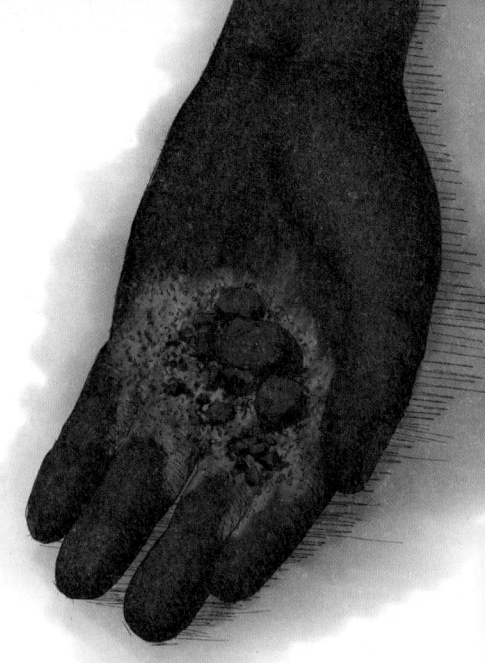

| 푸른 금 콜탄

영향을 바로 받았어. 르완다와 부룬디에서 내전이 일어났을 때도 많은 사람이 콩고민주공화국으로 피란을 왔지. 피란 온 난민들 때문에 콩고에서 내전이 일어나기도 했어.

콩고민주공화국은 천연자원이 아주 풍부해. 다이아몬드, 구리, 코발트, 석유, 콜탄 등 경제적 가치가 어마어마한 자원들이지. 그래서 이 자원을 차지하기 위해 여러 세력들이 끊임없이 다투고 있어.

천연자원을 차지한 군벌들은 이걸 팔아 최첨단 무기를 사고 그 무기로 내전을 계속하는 거야. 게다가 이웃 나라들이 콩고의 자원에 눈독을 들이고 콩고의 내전에 개입하면서 내전이 아프리카 대

류의 국제전으로 커지기도 했어.

콩고의 천연자원 중에는 가치가 높아진 콜탄이 있어. 콜탄은 휴대폰을 만들기 위해 꼭 필요한 광물인데, 금처럼 귀하고 푸른빛을 내서 '푸른 금'이라고도 불러.

콜탄을 가공하면 탄탈럼이라는 물질이 나오는데, 이게 바로 휴대폰의 전류 흐름을 제어하는 데 꼭 필요하대. 콜탄은 컴퓨터나 항공기, 우주선 같은 첨단 장비를 만드는 데도 쓰이는 중요한 광물이야.

| 스마트폰

휴대폰이나 첨단 장비들이 계속 만들어지면서 더 많은 콜탄이 필요하게 되었지. 콜탄은 전 세계 매장량의 80% 정도가 콩고민주공화국에 매장되어 있어. 지금 우리가 즐겨 쓰는 스마트폰도 콜탄을 가공하면 나오는 물질인 탄탈럼이 들어가 있어.

콩고는 경제적으로 가치가 큰 콜탄이 많지만, 아주 가난하고 불행한 사람들이 많은 나라야. 그 이유는 이 광물에서 나는 이익을 일부 사람들만 독차지하고 있기 때문이야. 게다가 콜탄을 서로 차지하기 위한 싸움으로 많은 사람들이 죽었어.

◉ 콩고민주공화국

 또 광산에서 콜탄을 캐내기 위해 사람들을 납치해 휴일도 없이 강제 노동을 시킨다고 해. 콜탄 광산에서 일하는 사람들은 질병과 영양실조로 죽기도 한대.
 콩고민주공화국에서 내전이 계속되자, 국제연합에서는 콩고민주공화국에서 밀수출되는 콜탄의 유통을 막기도 했어. 그렇지만 반군들은 콜탄을 팔아 무기를 사고 군인들을 거느리고 전쟁을 계속하고 있지. 콜탄이 끊임없는 전쟁의 원인이 되고 있는 것이지.

3. 아프리카의 세계 대전, 콩고 전쟁

"콩고민주공화국의 내전은 무척 복잡하네요."
"맞아. 그 이유는 콩고 내전은 주변 나라들의 내전과도 얽혀 있고, 아프리카의 많은 나라들이 참여한 국제전으로 확대되었기 때문이야. 그래서 콩고 내전을 아프리카의 세계 대전이라고도 해."
"콩고 내전은 어떻게 전개되었나요?"
"제1차 콩고 전쟁(1996~1997)은 32년간 독재 정치를 한 모부투 정권에 대한 반발로 일어났어. 투치족이 중심이 된 콩고·자이르해방민주세력연합ADFL 등 반정부 세력이 모부투 정권 및 후투족을 공격하면서 시작된 전쟁이었지. 모부투 정권은 이웃 나라인 르완다 내전(1994년 르완다 대학살)에서 패배해 콩고 동부 지역으로 들어온 후투족을 이용하여 동부 지역의 투치족을 탄압하고 있었어.

1997년 반정부 세력은 르완다, 우간다, 앙고라 등에서 무기와 군사 훈련 등의 지원을 받아 모부투 정권을 몰아내고 수도 킨샤사에 들어오는 데 성공했어. 그 뒤 반정부 세력의 지도자인 로랑 카빌라가 대통령이 되었지."

"2차 내전은요?"

"제2차 콩고 전쟁(1998~2003)은 로랑 카빌라 대통령이 투치족에게 콩고민주공화국에서 철수할 것을 요구하면서 일어났어. 로랑

| 콩고민주공화국의 난민들

카빌라는 투치족의 지원으로 대통령이 된 인물이야. 로랑 카빌라를 지원했던 투치족은 배신감을 느꼈고, 로랑 카빌라에 반대하는 반군 세력이 되어 1998년 7월 로랑 카빌라 정부를 공격했어.

이렇게 시작된 제2차 콩고 전쟁은 아프리카 10여 개국이 편을 나눠 싸우는 아프리카의 국제전으로 커졌어. 카빌라 정권은 앙골라, 짐바브웨, 나미비아, 잠비아, 수단 등에게서 병력과 전폭기, 탱크 등을 지원받았고, 반군 측은 르완다와 우간다, 브룬디 등의 나라에서 지원을 받았어. 이들 10여 개국은 콩고의 풍부한 자원에 대한 이권을 차지하기 위해 서로 싸웠던 거지.

　2001년 1월 로랑 카빌라 대통령이 암살되자, 그의 아들 조제프 카빌라가 대통령이 되었지. 2002년 12월 콩고민주공화국과 이웃 5개국은 남아프리카공화국의 수도인 케이프타운에서 협정을 맺고 정전에 합의했어. 2003년에는 제2차 콩고 전쟁이 끝나고 콩고민주공화국에 과도 정부가 세워졌어. 제2차 콩고 전쟁에서는 5백만 명 이상이 죽고 2천만 명 이상의 난민이 발생했다고 해.

　제2차 콩고 전쟁이 끝났으나 평화는 오래 가지 못했어. 2008년 내전이 다시 시작되었기 때문이지. 다시 시작된 내전으로 5개월 만에 수백 명이 죽고 20만 명이 넘는 난민이 발생했어."

더 알고 싶어요!

르완다 대학살 -벨기에 식민 잔재의 유산

콩고민주공화국의 이웃 나라인 르완다에서는 제노사이드로 불리는 끔찍한 인종 학살이 일어났어. 1994년 단 100일 동안에 약 80만 명의 투치족 사람들이 죽거나 다치는 일이 일어난 거야. 르완다의 이러한 인종 학살은 무엇보다도 이 지역을 지배했던 벨기에의 식민지 정책에 뿌리를 두고 있어.

르완다의 인구 구성은 후투족 85%, 투치족 14%, 트와족 1%야. 그런데 이러한 종족 구분의 기준이 애매모호해. 투치족과 후치족은 오랜 세월 함께 살면서 구분이 모호해졌어. 두 종족을 구분하는 기준은 단지 직업과 재산의 소유 정도였어. 투치족은 귀족층으로 목축업을 하였고, 후투족은 농민으로 농사를 지었어.

그런데 벨기에는 르완다를 통치하기 위해 소수인 투치족을 이용하기로 했어. 그래서 투치족이 후투족보다 인종적으로 우수하다고 인종론을 만들어 퍼트리고, 신분증 제도를 실시하여 신분증에 출신 부족을 적게 했어. 그리고 투치족을 우대하여 학교 입학 우선권을 주고, 공무원이 될 수 있도록 했지. 이 신분증 제도는 오랫동안 한 지역에서 함께 살아 온 부족을 완전히 갈라 놓았어. 그래서 식민 통치가 끝나고 나서도 두 부족은 서로 미워할 수밖에 없었어.

르완다의 이웃 나라인 브룬디도 르완다와 비슷한 종족 분포를 보여. 그런데 1994년 르완다의 대통령과 브룬디의 대통령은 국제연합 평화유지군이 르완다에 주둔하는 문제를 협의하기 위해 한 비행기에 같이 탔는데, 이 비행기가 미사일에 격추되었어. 이 사건의 배후는 명확하게 밝혀지지 않았어. 후투족과 투치족은 이 사건을 상대측이 일으켰다고 서로 비난하며 싸웠어. 비행기 격추를 트집 삼아 르완다의 후투족이 투치족을 학살하면서 르완다 대학살이 일어났어. 결국 반격을 한 투치족이 르완다의 수도 키갈리를 점령하면서 이 비극은 끝이 났어. 투치족이 내전에서 이기자, 보복을 두려워한 후투족은 이웃인 우간다, 브룬디, 콩고 등으로 피란을 떠났단다.

4. 고릴라가 살 곳이 없어요

현수는 콩고민주공화국 전쟁, 르완다 대학살이 너무 무서웠다. 그런데 고릴라도 전쟁과 관련이 있다고 해서 현수는 궁금했다.

"엄마, 그런데 고릴라와 전쟁이 무슨 관계가 있어요?"

"그래, 궁금하지? 콩고민주공화국은 천연자원도 풍부하지만 아프리카의 대자연이 숨 쉬는 곳이야. 아마존과 함께 지구의 허파로 불리는 콩고 분지가 바로 콩고민주공화국에 있어. 대자연의 숲에 수많은 동식물이 함께 살아가고 있지. 콜탄이 많이 매장된 키부 지역의 숲은 고릴라들이 살고 있는 곳이야."

"고릴라들을 보호하면서 콜탄을 캐내면 되잖아요?"

"그래, 맞아. 그런데 콩고는 전쟁 중이라서 숲을 보호하기가 어려워. 키부 지역에는 콩고민주공화국의 세계문화유산인 카후지-비에가 국립공원이 있어. 이 공원에 대부분의 콜탄이 매장되어 있는데, 콜탄 광산을 관리할 수가 없는 거야. 이곳은 고릴라들의 마지막 서식지 중 하나라고 해. 이 공원에 사는 고릴라들이 사라지면 이제 숲에 사는 고릴라는 영영 사라져 버려. 동물원에서만 고릴라를 만나게 되는 거지."

현수는 손에 쥐고 있는 휴대폰을 다시 한 번 보았다.

"고릴라를 보호하려면 숲을 파괴하면 안 돼. 고릴라들이 살던 숲을 떠나 다른 숲으로 갈 수는 없기 때문이야. 사람들은 이곳에서 콜탄을 발견한 후 절반 이상의 고릴라를 밀렵했어. 살아남은 고릴라도 숲이 파괴되면서 살 곳이 없어지고 있지. 이제는 멸종 위기에 처해 있어."

"그럼 어떻게 해요? 휴대폰을 사용하지 않을 수도 없고."

"그래, 휴대폰은 꼭 필요하지. 세계 인구의 3분의 2가 휴대폰을 사용하고 있고. 엄마도 너도 휴대폰 없이 지내지는 못할 거야. 그래서 잘 사용하고, 잘 버릴 수 있어야 해."

"어떻게 해야 하는데요?"

"휴대폰을 되도록 오랫동안 사용하고, 바꾸려면 필요한 사람이 중고로 활용할 수 있도록 해야지. 우리가 버리는 폐휴대폰에는 납이나 카드뮴과 같은 중금속이 포함되어 있어. 그래서 휴대폰을 폐기할 때, 환경이 오염되지. 반대로 폐휴대폰을 재활용하면 처리 과정에서 얻은 금이나 은, 구리 등의 금속을 재활용할 수 있어."

"그렇군요."

현수는 고개를 끄덕였다.

"특히 우리나라 사람들은 새로운 모델의 휴대폰을 아주 좋아하고, 항상 새 휴대폰을 사용하려고 해. 휴대폰을 평균 18개월 만에 바꿔 버리지. 그런데 일본, 독일은 46개월 만에 바꾼다고 하니, 우리보다 3배 정도 더 오래 사용하는 거야."

"휴대폰을 오래 사용하면 고릴라를 보호할 수 있나요?"

| 콩고민주공화국의 지하자원 채굴 현장

"고릴라가 사는 숲을 지키기 위해서는 숲의 파괴와 무분별한 광산 개발을 멈춰야 하지. 그리고 우리가 실천할 수 있는 가장 좋은 일은 쓰고 있는 휴대폰을 계속 쓰는 거지. 그게 어렵다면 쓰지 않는 휴대폰을 수거함에 넣는 일이라도 해야만 한단다."

현수는 엄마 말을 듣고 생각했다.
'전쟁이 끝나고 콩고 사람들도 행복해지면 좋겠어. 그리고 고릴라도 평화로운 숲에서 계속 살아갔으면 좋겠어!'

SUDAN

수단

03

페페의 희망 편지

Sudan

1. 희망 편지

"오늘은 희망 편지를 쓰는 날이야!"
선생님 말에 푸름이는 조금 마음이 무거웠다.
'한 번도 만나 본 적이 없는 아프리카에 사는 아이한테 뭐라고 편지를 쓰지?'
"어떤 희망을 나눌까 생각하면서 우리 함께 친구들을 만나 보기로 하자."
선생님이 컴퓨터 동영상을 실행시키며 말했다.
동영상에는 아프리카 수단의 다르푸르라는 곳이 나왔고, 키가

껑충하게 크고 엄청나게 마른 아이들 몇 명이 나왔다. 아이들은 모두 커다란 플라스틱 물통을 들고 걸어가고 있었다.

아이들은 몇 시간이나 걸어서 물을 길으러 간다고 했다. 이 아이들은 물을 길으러 가는 게 가장 중요한 일이라고 했다. 가까운 곳에는 물이 없어 먼 곳까지 걸어가지만 그곳에서도 더러운 물밖에 길을 수 없다고. 그런데 그런 물이라도 있어야만 살아갈 수 있다고 했다.

선생님은 동영상을 잠깐 멈추고 말했다.

"푸름아, 우리나라에서 물은 어떻게 얻지?"

"수도꼭지만 틀면 물이 콸콸 나오죠."

"그래, 우리나라에 사는 대부분의 사람들은 언제 어디서나 손쉽게 물을 구할 수 있어. 더 좋은 물을 먹으려고 정수기를 사용하거나 생수를 사다 먹기도 하고. 마음껏 씻고 일주일에 몇 번이라도 샤워를 해. 너희들도 그렇지?"

"맞아요! 여름에는 땀이 조금만 나도 샤워를 해요."

"그래, 그런데 이 아이들은 물을 구하는 게 참 힘들지? 이제 동영상을 다시 보자."

동영상에는 '페페의 영상 편지'라는 자막이 커다랗게 나왔다.

페페는 아주 큰 눈을 가진 남자 아이였다. 카메라를 보고 수줍게 말했고, 페페가 말할 때마다 한글 자막이 보였다.

안녕, 한국 친구들.
내 이름은 페페야.
나는 열한 살이고, 수단에 살고 있어.

나는 날마다 새벽에 일어나서 물을 길으러 가.
아주 먼 길을 걸어가야 해서 다리가 아파.
내 동생은 지금 많이 아파
더러운 물을 먹어서 그런 거래.
우리가 사는 곳에는 전쟁 때문에 다치고
아픈 사람들이 아주 많아.
나는 커서 의사가 되어서
내 동생처럼 아픈 사람을 치료해 주고 싶어.
내가 의사가 되면 한국에도 가고 싶어.

페페는 손을 흔들며 웃었다.
푸름이는 페페가 웃는 모습이 참 예쁘다고 생각했다.
선생님은 동영상이 끝나자 말했다.
"이제 페페에게 편지를 써야겠네, 그전에 수단이라는 나라에 대해 선생님과 함께 알아보자."

2. 21세기 지구촌 최대의 비극, 다르푸르 내전

　수단(2011년 독립한 남수단 포함)은 아프리카에서 가장 면적이 넓은 나라야. 세계에서도 10번째로 큰 나라지. 수도는 하르툼이야.

　수단은 남쪽 지역과 북쪽 지역이 여러 면에서 뚜렷하게 달라. 북쪽에는 이슬람교를 믿는 아랍인이 대부분이고, 남쪽에는 기독교나 토착 신앙을 믿는 아프리카계 흑인이 주로 살고 있어. 북부는 비가 적은 사막과 사막 주변부이고, 남부는 비가 많은 열대 지역이야. 그래서 북부 지역에서는 목축업을, 남부 지역에서는 농업을 주로 해.

　이렇게 종교와 인종이 다르고, 생활 환경이 다르기 때문에 수단의 남쪽 지역과 북쪽 지역은 서로 대립하게 되었어.

　수단 지역은 고대에는 누비아 왕국*이 있던 곳이야. 이후 이집트와 오스만 제국의 지배를 받았고, 19세기 후반부터는 이집트의 지배를 받았어. 그 다음 수단을 지배한 나라는 영국이야. 영국은 수단의 남부 지역과 북부 지역을 분리해서 통치했어. 식민 통치를 쉽게 하려고 영국이 택한 통치 방법이었지.

　수단의 북부 지역에 사는 아랍계는 특혜를 누려 정치권력을 차지하게 되었고, 남부 지역은 낙후된 상태로 정치적으로도 차별받

◉ 수단

았어. 그 결과 남부 지역 사람들은 북부 지역 사람들에게 불만을 갖게 되었지.

1956년 수단은 영국에게서 독립했어. 그렇지만 독립 이후 계속되는 내전으로 지금까지도 고통받고 있어. 영국 식민지 시대의 분리 통치에 따른 남부와 북부의 분열과 갈등을 해결하지 못한 결과지.

또 다른 원인은 석유 때문이야. 남부에는 석유가 매장된 유전 지대가 있고 북부에는 송유관 등 석유 시설이 있어. 남부와 북부는 석유 수출로 얻어지는 이익을 서로 차지하려고 다투었단다.

수단에서는 두 차례 내전이 일어났어. 제1차 수단 내전(1955~1972)은 1955년 일어났지. 독립 후 북부 아랍계가 정권을 독차지했고, 이를 반대하는 남부 지역 사람들이 반란을 일으켰단다. 이 내전은 17년 동안이나 계속되었어. 1972년에는 누메이리* 대통령과 남부 반군 간에 협정을 맺고 전쟁이 끝나 남부 자치 지역이 만들어졌어. 제1차 수단 내전의 희생자는 약 50만 명에 이르렀어.

제2차 수단 내전은 1983년에 시작되었어. 당시 수단 대통령은 북부 아랍인 출신의 누메이리 대통령이었는데, 그는 이슬람 율법인 '샤리아*'를 수단 전 지역에 시행하겠다고 했어. 그러자 기독교나 토착 신앙을 믿었던 남부 지역 사람들이 샤리아를 강하게 반대했어.

게다가 누메이리 대통령은 남부 자치 지역을 3개 지역으로 나누어 중앙 집권을 강화하고 새로 발견된 남부 지역의 유전을 차지하려고 했어. 불만이 쌓은 남부 사람들은 내전을 일으켰지.

제2차 수단 내전은 2005년 정부군과 남부 반군 사이에 맺어진 평화 협정으로 끝났고, 남부 지역은 독립을 추진하기로 했어. 20여 년

Tip

- 누비아 왕국: 누비아 왕국은 수단의 누비아 지방에 있던 나라로 쿠시 왕국이라고도 한다. 기원전 1070년경 세워져 기원후 350년경 멸망하였다. 이집트가 힉소스족의 침입으로 약해지자 기원전 760년경 누비아가 이집트를 정복하였다. 그리고 100년 동안 누비아 왕국의 왕들은 이집트 파라오로서 누비아와 이집트 두 나라를 모두 통치했다.

- 누메이리(1930~): 수단의 군인·정치가. 1969년 쿠데타를 일으켜 정권을 잡았다. 그는 사회주의 경제 정책을 추구하다가 수단을 식량 생산국으로 개발하기 위해 자본주의 농업 쪽으로 노선을 바꾸었다. 그가 실시하려고 했던 샤리아는 2차 내전의 원인이 되었다. 1985년 4월 이집트에 체류하는 동안 국방 장관의 쿠데타가 일어나 정권에서 물러났다.

- 샤리아: 코란과 무함마드의 가르침에 기초한 이슬람의 법률이다. '샤리아'의 사전적 의미는 '물 마시는 곳으로 이끄는 길'로 진리 또는 하느님께 다가가는 길이란 뜻이다. 그 내용은 목욕, 예배, 순례, 장례 등에 관한 의례적인 규범에서부터 혼인, 상속, 계약, 소송 및 비(非) 이슬람교도의 권리와 의무, 범죄, 형벌, 전쟁 등 법적 규범까지도 포함한다.

동안 계속된 두 차례의 수단 내전은 150만 명이나 되는 수많은 사람들의 목숨을 앗아갔단다.

2011년 남수단은 수단과 분리하여 독립국이 되었어. 독립한 남수단에서는 2013년 다시 내전이 벌어졌어. 독립 이후 남수단은

딩카족과 누에르족 등 여러 부족의 세력가들이 정권과 석유 이권을 나누어 가졌어. 그런데 남수단의 제1 부족인 딩카족 출신 살바 키르 대통령이 제2 부족인 누에르족 출신 리에크 마차르 부통령을 해임하자 이에 반발한 세력이 정부군과 충돌하면서 내전이 시작된 거야.

수단의 서부 지역인 다르푸르에서는 또 다른 내전으로 사람들이 고통 속에 살아가고 있어. 다르푸르는 푸르족의 땅이라는 뜻이야.

다르푸르에서 일어난 내전은 21세기 최악의 비극으로 불리고 있어.
이 분쟁은 민간인 30만 명이 죽고 250만 명의 난민이 발생했어.
다르푸르는 제1차 세계 대전 때 영국에 의해 영국령 수단으로 병합된 곳이야. 식민지 시대에 다르푸르는 정치 경제적으로 차별받았어.

수단이 영국에서 독립한 뒤에도 정권을 잡은 북부 아랍계는 아랍인 위주의 정책을 더욱 강화하면서 이곳에 사는 푸르족을 계속 차별했지. 푸르족은 반군 단체를 만들어 2003년부터 정부군에게 대항하기 시작했어.

수단 정부는 다르푸르 반군을 공격하기 위해 아랍계 민병대인 잔자위드를 투입했어. 잔자위드는 '말 등에 탄 악마'라는 뜻이야. 이름처럼 무서운 이들은 다르푸르에서 끔찍한 범죄를 저질렀어.

수단 정부는 공군을 동원하여 다르푸르에 폭격을 하고, 잔자위드를 보내 무차별적인 폭력과 약탈, 강간을 저지르도록 했지. 잔자위드는 남자를 잡으면 아이고 어른이고 무조건 죽였어. 여성들은 무조건 강간을 했지. 그래서 다르푸르 분쟁은 21세기 가장 반인륜적이고 더러운 분쟁으로 기록되어 있어.

2004년부터 아프리카연맹AU이 개입하여 평화유지군을 파견하는 등 조정 노력을 펼쳤고, 2006년 수단 정부와 반군 간에 평화 조약이 맺어졌어. 그 결과 잔자위드 민병대와 반군을 해산하고 반군이 참여하는 임시 정부를 조직하기로 했지. 그러나 잔자위드 민병

| 마을을 불태우는 잔자위드

대는 더 큰 공격을 하여 4개월 동안 8만여 명의 난민이 발생하기도 했어.

다르푸르 분쟁은 정치 경제적인 이유 외에도 좀 더 근본적인 원인 한 가지를 살펴봐야 해. 그것은 바로 기후 변화야.

다르푸르 지역은 제1, 2차 수단 내전에서 조금 비켜나 있던 지역이야. 다르푸르 지역은 북쪽에는 목축업을 하는 아랍계 사람들이 살고, 남쪽에는 기독교를 믿는 흑인들이 농사를 지으며 살고 있었어.

그런데 다르푸르에 몇 년간 가뭄이 계속되었어. 목축업이 생업인 아랍계 사람들이 물과 풀을 찾아서 다르푸르 남쪽으로 내려왔지. 남쪽의 흑인 농민들은 이전에는 아랍계 유목민들과 물을 함께 썼는데, 가뭄이 심해지자 그럴 수가 없었어. 그러면서 사람들 사이의 크고 작은 다툼이 계속되었단다.

계속된 가뭄은 기후 변화로 인한 것이었어. 가뭄 때문에 갈등이 더욱 커졌고 결국 내전이 일어난 것이지. 기후 변화가 내전의 한 원인이 된 거야.

2007년 6월 반기문 유엔 사무총장은 '워싱턴포스트'에 기고한 글에서 다르푸르 사태를 이렇게 설명했어.

'21세기 지구촌 최대 비극인 수단의 다르푸르 사태는 지구 온난화로 인한 기후 변화가 한 원인이 되어 일어났습니다.'

3. 기후 변화와 물 부족이 전쟁을 부른다고?

"선생님, 다르푸르의 가뭄은 기후 변화 때문에 시작된 거예요?" 푸름이가 물었다.

"다르푸르가 심각한 물 부족을 겪게 된 것은 예전보다 비의 양이 훨씬 줄었기 때문이야. 지구 온난화로 인도양의 수온이 상승하고, 계절풍의 영향으로 강수량이 40% 이상 줄었다고 해."

"그럼, 예전에는 그렇지 않았나요?"

푸름이와 같은 모둠인 준혁이도 질문을 했다.

"그래. 다르푸르는 토지가 비옥해서 곡식과 과일이 잘 자라는 곳이었어. 그런데 20년 가까이 계속 강수량이 줄어들었대. 그러자 사람들은 물을 서로 차지하기 위해 싸우기 시작한 거야. 물이 있어야만 사람이 살아가고, 동물과 식물이 자랄 수 있기 때문이지."

"네."

아이들이 대답하자, 선생님은 다시 설명을 이어갔다.

"지구상에 물은 아주 많아. 지구 표면의 70%를 차지하고 있지. 그렇지만 대부분이 바닷물이고 사람들이 마실 수 있는 담수는 3% 정도야. 그리고 이 담수 중에도 빙하가 많기 때문에 지구상에 있는 물의 1% 정도만 사람들이 먹을 수 있다고 해."

"1%밖에 안 된다고요? 우리나라 사람들은 대부분 아무렇지도 않게 깨끗한 물을 쓰잖아요?"

준혁이가 깜짝 놀라 물었다.

"지구상에 사는 모든 사람들이 그렇지는 않아. 전 세계 인구 중

7억 명 이상이 깨끗하고 안전한 물을 마실 수 없어. 특히 사하라 남쪽 아프리카는 물이 매우 부족하고 수자원 시설과 위생 시설이 턱없이 부족해. 국제연합UN에 의하면 설사병으로 목숨을 잃는 사람이 180만 명인데, 그중 오염된 물 때문에 설사병에 걸려 죽는 사람이 90%에 가깝다고 해. 그리고 더욱 안타까운 것은 그중 90% 이상이 다섯 살 미만의 어린아이라는 거야. 지구에서는 19초마다 한 명의 어린아이가 오염된 물 때문에 죽어가고 있어."

"물 부족의 원인이 된 기후 변화는 왜 일어나요?"

"기후 변화는 지구 온난화 때문에 일어난다고 해. 지구 온난화가 일어나는 원인은 아주 복잡하고, 여러 가지 이유가 있는 것으로 알려져 있어. 그렇지만 가장 큰 원인은 온실가스* 때문이야."

"온실가스는 어디서 생겨요?"

"온실가스는 산업이 발전한 선진국이 많이 만들어 내. 우리나라도 세계에서 아홉 번째로 온실가스를 많이 배출하는 나라야. 우리나라의 1인당 온실가스 배출량은 유럽이나 일본보다 많다고 해. 아프리카는 온실가스 배출과는 거의 상관이 없지. 그런데 선진국들이 만들어 내는 온실가스 때문에 고통받는 것은 아프리카 사람들

- 온실가스: 지구 온난화를 일으키는 기체이다. 이산화탄소가 절반 이상을 차지한다. 온실가스의 대표적인 것으로는 수증기, 이산화탄소, 메탄이 있으며, 이외에도 일산화이질소(아산화질소), 염화불화탄소(프레온) 등이 온실 효과를 일으키는 기체로 유명하다. 1985년 세계기상기구(WMO)와 국제연합환경계획(UNEP)은 이산화탄소가 온난화의 주범이라고 공식적으로 선언하였다. 온난화에 의한 기온 상승으로 해수면이 상승하는 등 여러 문제가 발생하고 있다.

- 유럽연합(EU, European Union): 독일, 프랑스, 영국, 아일랜드, 벨기에, 네덜란드, 룩셈부르크, 덴마크, 스웨덴, 핀란드, 오스트리아, 이탈리아, 에스파냐, 포르투갈, 그리스, 체코, 헝가리, 폴란드, 슬로바키아, 리투아니아, 라트비아, 에스토니아, 슬로베니아, 키프로스, 몰타, 불가리아, 루마니아, 크로아티아 등 28개국을 회원국으로 하며, 1993년 11월 1일에 창립되었다.

이야. 유럽연합 EU* 집행위원회가 2008년 발간한 보고서에는 '수자원 갈등과 영토 분쟁, 난민 문제, 천연자원을 둘러싼 전쟁이 미래의 주요 갈등이 될 것'이라고 예상하고 있어.

4. 페페에게 보내는 편지

푸름이는 수단이 몇 십 년 동안이나 내전을 겪었다는 사실에 무척 놀랐다. 그리고 계속되는 물 부족에 시달리는 이유가 말로만 듣던 기후 변화, 지구 온난화 같은 이유 때문이라는 것도 알게 되었다.
"선생님, 페페가 물을 길으러 가지 않아도 깨끗한 물을 먹을 수 있도록 도와줄 수는 없어요?"
푸름이가 질문했다.
"푸름이 같은 생각을 하는 사람들이 많아. 세계의 많은 단체에서 아프리카에 우물을 만들어 주는 일을 하고 있어."
"그럼, 페페네 마을에도 우물이 생기겠네요?"
"지금 당장은 아니더라도 앞으로는 그렇게 되겠지. 사람들이 노력하고 있으니까 그렇게 될 거야."

푸름이는 안타까운 생각이 들었고, 무엇을 할 수 있을지 마음이 무거웠다.

"얘들아, 너희들이 아무 생각 없이 먹고 쓰는 물도 누군가에게는 아주 소중하다는 걸 알았지?"

선생님이 아이들과 하나하나 눈을 맞추며 물었다.

"네!"

"그래, 아주 먼 나라 일 같지만 페페와 같은 아이들도 이 지구촌에서 함께 살아가는 아이야. 언젠가 너희와 만날 수도 있고, 지금은 편지를 쓰면서 희망을 나누는 거야."

아이들은 모두 고개를 끄덕였다.

"선생님, 온실가스와 기후 변화가 나와도 관련이 있다는 것을 알았어요."

준혁이가 말했다.

"그래. 이제 페페에게 편지 써야지."

선생님이 말했다.

푸름이는 편지를 쓰기 시작했다.

페페야, 안녕.
나는 한국에 사는 푸름이야. 열한 살이고, 내 꿈도 의사야.
나는 수단에 대한 동영상을 보고 많이 놀랐어.
수단에는 깨끗한 물이 없어 더러운 물을 마셔야만 하고,
전쟁 때문에 다친 사람이 많다는 걸 알았어.
그런데 나는 먹는 물을 함부로 버릴 때가 많아.
이제부터는 그러지 않아야겠다고 생각했어.
그리고 그동안 잘 몰라서 아무렇게나 이용했던
물건들도 아껴 쓰고, 일회용품도 쓰지 않을 거야.
아프리카 우물 파기 운동도 돕고 싶어!
페페, 네 동생이 빨리 나았으면 좋겠어.
내가 커서 의사가 되면, 수단에 사는 아픈 사람들을 치료해
주고 싶어.
그때는 너도 의사가 되어 있겠지.
그럼, 그때 우리 꼭 만나자!

Somalia

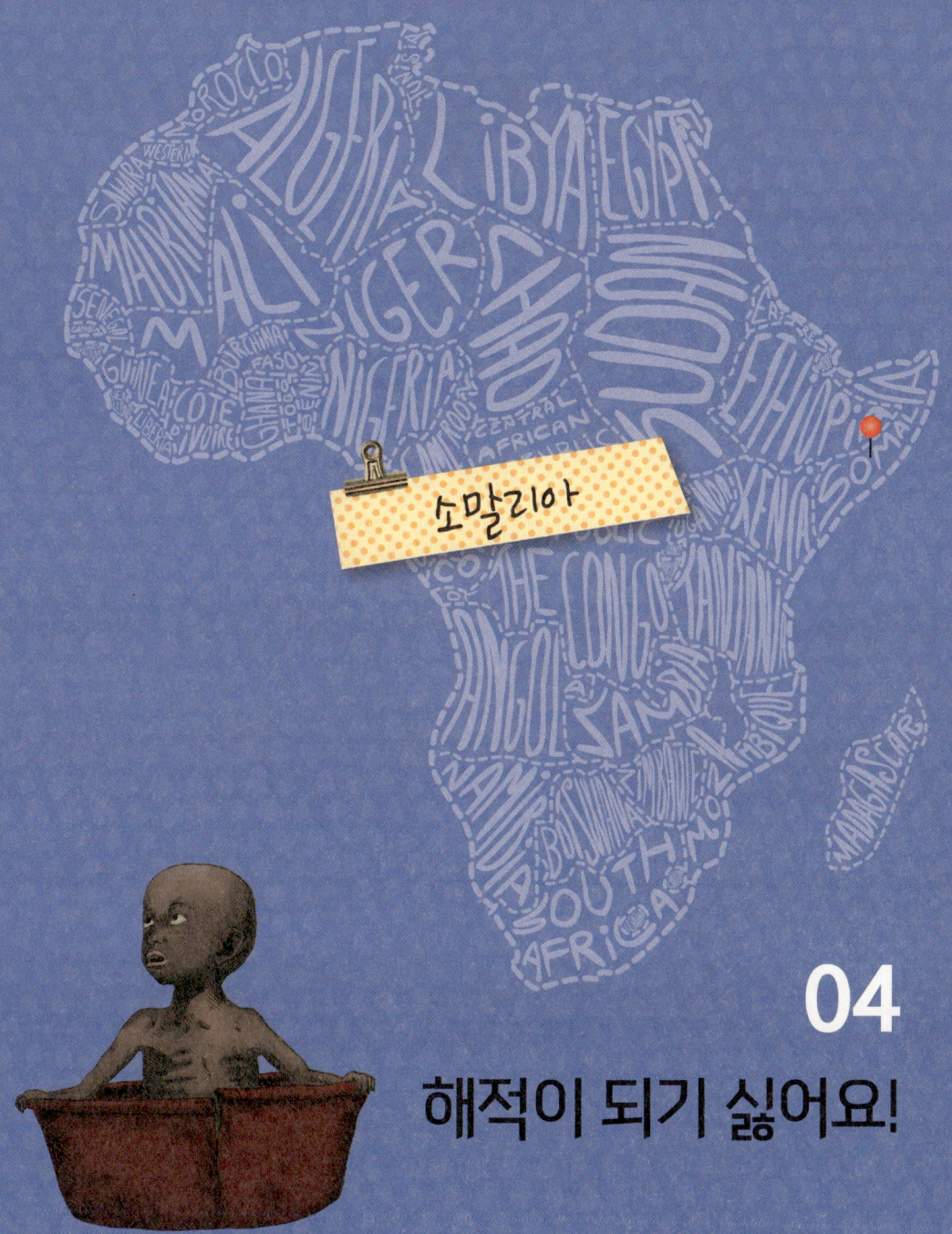

소말리아

04
해적이 되기 싫어요!

Somalia

1. 내 꿈은……

"저는 국제연합 사무총장이 되는 게 꿈이에요. 반기문 유엔 사무총장처럼요."

"우와!"

"역시, 지성이야."

아이들이 박수를 치며 한마디씩 했다.

'쳇, 만날 잘난 척은!'

민영이가 속으로 생각하는 사이 자기 차례가 되어 발표를 했다.

"저는 동화 작가가 되고 싶습니다. 그런데 할아버지는 아나운서가 되라고 하고, 엄마는 선생님이 되라고 합니다. 그래서 아직은 확실하지 않습니다."

"그래, 그럴 수 있어. 선생님도 너희들처럼 어렸을 때는 엄마 아빠나 다른 가족들이 커서 뭐가 되고 싶냐고 가끔 물어보셨지. 그래서 어른들이 기대하는 것처럼 멋진 직업을 대답하지 않으면, 싫어하셨어."

"맞아요! 저는 해적이 된다고 했다가 혼이 났어요."

수혁이가 말했다.

"하하하!"

"당연하지!"

아이들이 시끌시끌해졌다. 수혁이는 장난꾸러기에 정말 엉뚱하다. 그래서 재미있기도 하지만 말이다.

"수혁이는 정말 해적이 되고 싶어? 해적이 뭔지는 알고?"

선생님이 진지하게 물었다.

"네. 저는 캐리비안의 해적에서 나오는 잭 스페로우 선장처럼 되어서 세상 끝까지 여행하고 싶어요."

"그건 영화지! 아예 해리 포터가 된다고 하지 그래?"

지성이가 말했다.

"자, 모두 조용히! 수혁이가 말하는 해적은 영화에서나 나오는 거야. 그런데 정말 해적을 꿈꾸는 아이들이 있다는 거 알고 있니?"

"네, 알아요. 소말리아 아이들은 해적이 되고 싶어 한다면서요."

이번에도 지성이가 큰 소리로 대답했다.

"그래? 정말 그럴까?"

선생님이 다시 한 번 물었다.

"얘들아, 너희들도 소말리아 해적은 들어 봤지? 몇 년 전에 우리나라 배도 소말리아 해적에게 납치되었던 적이 있어."

"배를 납치하면 진짜 해적이죠? 영화에서 나오는 해적 말고요?"

이번에는 잭 스페로우가 되고 싶다던 수혁이가 놀라서 물었다.

"그래! 진짜 해적이지, 소말리아 해적. 우리나라에는 소말리아에서 해적들은 영웅 대접을 받는다고 보도되기도 했고, 소말리아 아이들의 꿈이 해적이 되는 거라는 이야기도 있었어. 정말 그런지 우리 함께 알아보자"

2. 아프리카의 뿔 소말리아

　아프리카 대륙의 지도를 보면 북동쪽에 코뿔소 뿔처럼 튀어 나온 곳이 있어. 이곳이 소말리아 반도인데, 아프리카의 뿔이라고 부르지. 소말리아는 여기에 자리하고 있어.

　소말리아의 수도는 모가디슈, 공용어는 소말리아어야. 국민 대부분은 이슬람교를 믿고 있지. 소말리아 국토의 대부분은 사막이야. 농사를 지을 수 있는 땅은 겨우 전 국토의 2% 정도라고 해.

　소말리아는 단일 민족 국가로 국민의 대다수는 소말리족이야. '소말리'라는 민족 이름은 '우유를 짠다'는 의미인 '소마르'에서 유래되었다고 해. 민족 이름에서 알 수 있듯이 소말리족은 주로 소와 양을 기르는 유목민이야.

　소말리아는 오래전부터 내륙 지방에는 소말리족, 남부와 서부 지방에는 갈라족이 생활하고 있었어. 그런데 7세기부터 10세기 사이에 이슬람교도인 아랍인과 페르시아인이 들어오면서 이슬람 문화가 정착되었어.

　1839년 영국은 홍해와 아라비아 해 사이에 있는 아덴 만 지역을 점령했어. 이후 유럽 열강의 아프리카 침략이 본격화되기 시작했

◉ 아프리카의 뿔 소말리아

지. 1880년대에는 영국, 이탈리아, 프랑스 등이 소말리아 반도를 나누어 점령했어.

소말리아의 왼쪽에는 에티오피아라는 나라가 있어. 에티오피아는 1896년 소말리아의 서쪽에 있는 오가덴 지방을 차지했어. 오가덴 지방은 소말리족이 살고 있는 곳이었지. 그래서 소말리족이 살던 지역은 영국령, 이탈리아령, 프랑스령, 에티오피아령으로 나누어지게 되었단다. 그것은 그곳에 살고 있던 소말리족의 의사와는 전혀 상관없이 결정된 것이지.

오가덴 지방 등 소말리족의 거주지들은 소말리아가 독립한 뒤에도 소말리아와 주변 나라들이 다투는 분쟁 지역이 되었어. 소말리아는 1977년 오가덴 지방을 차지하기 위해 에티오피아를 공격했지만 실패했단다.

소말리아는 1960년 영국과 이탈리아에서 독립했어. 1969년에는 바레*가 군사 쿠데타를 일으켜 20여 년 간 독재 정치를 했어. 소말리족은 여러 부족으로 나누어져 있는데, 바레는 자기 부족 위주로 정치를 했지.

1980년대 들어와서는 바레의 독재 정치에 반대한 여러 단체가 반정부 활동을 벌이기 시작했어. 이 세력들은 각각 자기 부족을 기반으로 무장 투쟁을 했고, 소말리아는 내전에 시달렸지.

1991년에는 아이디드*가 이끄는 통일소말리아의회를 중심으로 여러 단체들이 연합해 바레 정권을 무너뜨렸어. 그러나 군벌 간에 권력 다툼이 일어나 소말리아는 다시 내전의 소용돌이에 빠지게 되었단다.

20년 넘게 계속된 내전으로 국토는 황폐해지고 사상자와 난민이 계속 생겼어. 게다가 1991년에는 사상 최악의 가뭄이 들었어. 이때 국민의 절반이 넘는 420만 명이 굶주림에 허덕이게 되었지. 1992년에는 30만 명이 넘는 사람들이 굶주림으로 목숨을 잃는 끔찍한 일이 일어났단다.

이런 참상이 알려지자 국제연합은 국제연합 평화유지군*을 파견하여 여러 활동을 벌였어. 우리나라에서도 1993년 250여 명의 공병 부대를 파견하여 국제연합의 평화 유지 활동을 지원하였어. 국제연합의 많은 노력에도 불구하고 소말리아의 내전은 계속되었고, 심지어 국

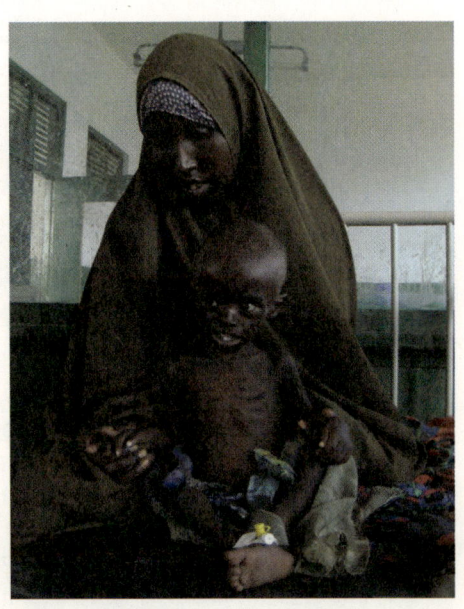
| 기아에 허덕이는 소말리아 어린이

제연합군이 살해되기도 했단다. 1995년 국제연합도 더 이상 손을 쓰지 못하고 소말리아에서 철수했지.

소말리아에서는 지난 20여 년 동안 내전이 없이 평화로웠던 기간이 1년도 되지 않아. 국민 대부분이 굶주림과 질병에 시달리며 살아가고 있어. 제대로 된 정부도 없고, 기본적인 전기와 수도 시

Tip

- **바레(1919~1995):** 1969년 군사 쿠데타를 일으켜 정권을 장악하였다. 1976년에는 사회주의혁명당을 조직하여 서기장과 대통령에 취임하여 1당 독재 체제를 만들었다. 1991년 반군에 의해 수도를 빼앗기고 국외로 도망쳤다가 1995년 나이지리아에서 심장마비로 죽었다.

- **아이디드(1934~1996):** 소말리아 군벌의 지도자이다. 아이디드는 바레 정권 하에서 군 장성을 지내기도 했으나 6년 동안 투옥된 뒤 반정부 활동을 하였다. 1991년에는 반정부 단체들을 연합하여 바레를 축출하였다. 그러나 이후 내전을 일으키고, 국제연합 평화유지군에 전쟁을 선포하여 미군에 의해 전쟁 범죄자로 규정되었다. 1996년 내전 중 부상당해 죽었다.

- **국제연합 평화유지군:** 국제연합의 평화 유지 활동을 위해 안전보장이사회가 분쟁 지역에 파견하는 군대이다. 분쟁 지역에서 긴장을 줄이고 협상을 통한 평화 정착을 추구하기 위해, 또는 휴전 뒤 분쟁 당사국의 휴전 협정 위반 사항을 감시하기 위해 국제연합에서 분쟁 지역에 파견한다. 우리나라는 1993년 소말리아와 2000년 동티모르 사태 때 평화유지군을 파견하였다.

설도 없지. 아이들이 갈 수 있는 학교도 없고, 몸이 아파도 병원이 없어 치료받을 수도 없어.

소말리아는 가뭄 때문에도 수많은 사람들이 고통받고, 독재 정권 이후 무정부 상태의 내전이 계속 이어지고 있어. 소말리아에서는 살인과 납치와 같은 범죄 또한 계속 일어나고 있지. 소말리아는 세계에서 가장 슬프고 위험한 나라야.

3. 해적의 나라 소말리아

"소말리아는 2000년대 들어 해적으로 유명해졌어. 소말리아는 아프리카에서 가장 긴 해안선을 가진 나라야. 소말리아 북동부 지역에는 푼틀란드라는 곳이 있어. 푼틀란드는 수에즈 운하의 동쪽 입구인 아덴 만에 위치하고 있어. 수에즈 운하는 석유와 천연가스를 운반하는 배를 비롯해 한 해 평균 3만 척 이상의 배가 지나가고, 전 세계 화물의 14%가 통과해 가는 곳이지."

선생님의 설명에 수혁이가 물었다.

"그럼, 소말리아 해적은 그곳을 지나는 배를 노리는 거예요?"

"그래. 이들은 소말리아 앞바다를 지나는 유조선, 화물선 등을 공격해서 배를 납치해. 그리고 사람들을 인질로 잡아 엄청난 몸값을 요구하는 거야. 이런 해적 납치 사건은 많을 때는 한 해에 200건 이상 일어났어. 2011년에는 우리나라의 삼호주얼리호*가 소말리아 해적에게 납치되었다가 구출되었지."

"선생님, 소말리아 사람들은 왜 해적이 되었나요?"

지성이가 궁금한 듯 질문했다.

"소말리아 해적은 1990년대 초에 나타나기 시작했어. 소말리아 앞바다는 수산 자원이 풍부한 '황금 어장'이었어. 소말리아 어민들은 대부분 작은 고깃배로 생계를 이을 수 있을 정도만 고기를 잡았어.

그런데 소말리아가 내전으로 인해 무정부 상태에 빠지자 외국의 대형 어선들이 소말리아 앞바다로 몰려와 수산물을 싹쓸이해 갔어. 심지어는 소말리아 어민들이 쳐 놓은 그물까지 걷어 가기도 했지. 또, 불법 폐기물*을 소말리아 앞바다에 마구 버리기 시작한 거야. 소말리아에는 제대로 된 정부가 없으니 이를 단속할 수도 없었지."

"어민들은 화가 났겠어요!"

민영이가 안타까워하며 말했다.

Tip

- **삼호주얼리호**: 2011년 1월 소말리아 해적에게 납치된 우리나라의 선박이다. 우리나라 선박이 납치되는 일이 계속해서 일어나자, 우리나라 국민들 사이에서는 해적에 대한 몸값 지불을 반대하는 여론이 생겨났다. 이에 우리나라 정부는 구출 작전을 벌여 납치된 지 6일 만에 삼호주얼리호 선원 전원을 소말리아 인근 아덴 만 해상에서 구출했다. 이때의 구출 작전명은 '아덴 만 여명 작전'이었다.

- **불법 폐기물**: 유럽에서는 폐기물 1톤을 처리하는 데 250달러가 드는데, 내전으로 혼란한 소말리아에서는 폐기물을 2.5달러 이하의 비용으로 처리할 수 있었다. 그래서 유럽 회사들은 우라늄과 같은 방사능 폐기물, 카드뮴과 같은 중금속, 산업 폐기물, 화학 폐기물, 의료 폐기물 등을 소말리아 앞바다에 버렸다.

"그래서 이를 참다못한 소말리아 어민들은 스스로 바다를 지키기 위해 무장하기 시작했어. 그러다가 이들은 다른 나라의 배를 약탈하는 해적이 되어 갔지. 해적질이 돈이 되자, 군벌들이 끼어들어 해적들에게 무기를 공급했단다. 군벌들은 그 대신 해적질로 약탈한 수익의 일부를 차지했지. 해적의 규모는 점점 커져 갔고, 무기도 첨단화되어 갔단다."

"해적을 막을 수 있는 방법은 없나요?"

아이들의 질문이 계속되었다.

"국제 사회는 해적 행위를 막기 위해 다국적 연합 함대를 만들어 소말리아 근처 바다에서 연합 작전을 펼쳤어. 그 결과 소말리아 해적은 크게 줄어들고 있단다. 해적들은 해적질을 하기가 어려워지자, 소말리아의 반군 단체들과 협력 관계를 맺고 무기 밀수, 불법 무역, 테러 지원, 강도 등의 활동을 하고 있어."

"선생님, 그런데 아프리카에서는 왜 전쟁이 계속 일어나지요?"

"민영이가 좋은 질문을 했네. 아프리카에서 벌어지는 전쟁의 이유를 알기 위해서는 아프리카 대륙의 역사를 살펴봐야 해. 아프리카 사람들은 수만 년 동안 풍부한 자연 속에서 살고 있었어. 그런데 1500년 무렵 유럽 사람들이 새로운 바다 길을 통해 아프리카를 알게 된 후 많은 것이 달라졌지."

"어떻게 달라졌어요?"

"유럽 사람들은 아프리카를 황금의 땅으로, 아프리카로 가면 부자가 될 수 있다고 생각했어. 유럽 사람들은 아프리카의 자원을 차지하기 위해 침략을 시작했지. 총칼로 아프리카 사람들을 위협한 다음 잡아가 노예로 팔고, 값비싼 고무와 상아 등 각종 자원을 함부로 빼앗아 갔어. 그리고 유럽 강대국들은 군대를 앞세워 아프리카 사람들이 사는 땅을 무력으로 차지했어. 결국 라이베리아와 에티오피아 두 나라를 제외한 아프리카 전 대륙이 유럽의 식민지가 되고 말았지."

"그렇군요."

"영국과 프랑스 등 유럽의 강대국들은 아프리카 땅을 많이 차지하기 위해 서로 다투기까지 했어. 유럽 강대국들은 자기들 마음대로 나라의 경계를 정한 다음 아프리카를 나누어 식민지로 삼았어. 이때 아프리카 사람들의 종족, 전통, 생활 방식은 전혀 고려하지 않았지. 같은 부족을 다른 나라로 나누기도 하고, 심지어 사이가 나쁜 부족들을 한 나라로 만들기도 했지. 오늘날 아프리카의 국경선이 자로 그은 것처럼 반듯하게 나뉘어져 있는 이유도 바로 그

때문이란다.

제1, 2차 세계 대전이 끝난 뒤에는 아프리카의 많은 나라들이 독립을 했어. 그렇지만 유럽 사람들이 마음대로 그어 놓은 국경선은 그대로였지. 그래서 오늘날까지도 같은 나라에 사는 부족들이 서로 갈등하고, 내전은 계속되고 있단다."

4. 굶주리는 아프리카

"선생님, 소말리아 사람들은 해적질을 어떻게 생각할까요?"
지성이가 물었다.
"제아무리 소말리아 해적이라도 범죄 행위를 자랑스러워하지는 않겠지! 한때 소말리아에서 해적질을 했던 사람이 이런 말을 했어. 범죄가 일상적으로 일어나고, 정부는 있으나마나 하고, 기본적인 법과 질서조차 없는 혼란 속에서 아무것도 할 수 없었다고. 그래서 원치 않는 해적질을 하며 간신히 살 수밖에 없었다고 했어. 그 사람들은 궁지에 몰린 범죄자일 뿐이야."
"소말리아 아이들도 정말 해적이 되고 싶어 하는 건 아니죠?"

민영이가 물었다.

"너희들 생각은 어때?"

"선생님, 제 생각에 소말리아 어린이들이 "제 꿈은 해적이 되는 거예요!"라고 한다면, 그건 "나는 해적이 되기 싫어요!"하고 외치는 거라고 생각해요. 그 아이들은 학교도 못가고, 놀지도 못하잖아요. 희망이 없기 때문인 것 같아요. 특히 아이들이 먹을 것도 없다면서요."

지성이가 멋지게 대답했다.

"그래, 선생님도 그렇게 생각해! 현재 전 세계 70억 인구 가운데 9억 명 정도가 영양실조로 고통받고 있고, 그중 다섯 살 이하의 어린이가 2억 명이야. 특히 아프리카의 사하라 사막 남쪽 지역에서는 전체 인구의 30% 이상이, 아시아 지역에서는 약 16%의 사람들이 영양실조 상태야. 실제로 매년 6백만 명의 어린이들이 영양실조로 인한 질병으로 죽어가고 있어. 굶주림은 생명을 위협할 뿐 아니라 시력을 약화시키기도 하고 면역력도 약하게 만들어."

"어떻게 해요? 우리나라에서 남는 음식을 보낼 수는 없어요?"

민영이가 안타까운 마음으로 물었다.

"우리나라 사람들이 먹고 버리는 음식물 쓰레기는 하루 평균 1만

2천여 톤, 8톤 트럭으로는 1,400여 대 분량이 된다고 해. 1년에 버려지는 음식물 쓰레기는 410만여 톤인데 돈으로 환산하면 연간 15조 원에 달해. 그렇지만 그 먼 아프리카까지 음식을 보내는 것은 쉽지 않아."

"부자 나라들이 배고픈 아이들을 도와주면 안 되나요?"

지성이가 말했다.

"다양한 국제기구와 구호 단체*들이 굶주리는 아이들을 돕고 있어. 우리도 굶주리는 아이들을 돕는 행사나 자선 단체들에 관심을 가지고 작은 도움이라도 보태려고 해야 해. 그리고 무엇보다도 굶주림의 근본적인 원인이 무엇인지 알아보고 우리가 어떤 도움을 줄 수 있을지 생각해 봐야 해."

Tip

국제기구와 구호 단체

- 세계식량계획(WFP, World Food Programme): 1963년 국제연합(유엔) 산하 기구로 설립되었다. 전 세계에서 기아로 고통받는 사람들에게 식량을 지원하는 세계 최대의 식량 지원 기구이다. 세계식량계획은 전쟁이나 내전, 자연 재해와 같은 긴급 상황이 발생했을 때 필요한 곳에 식량을 공급하여 생명을 살리는 데 도움을 주고 있다.

- 유엔난민기구(UNHCR, United Nations High Commissioner for Refugees): 1949년 유엔 총회에서 창설되었다. 유엔난민기구는 난민을 보호하고 난민 문제를 해결하기 위해 국제적인 조치를 주도하고 조정한다. 유엔난민기구의 활동은 난민의 권리와 복지를 보호하는 데 주요 목표를 두고 있다. 난민 보호의 공로로 1954년, 1981년 두 차례 노벨 평화상을 받았다.

- 유엔아동기금[United Nations Children's Fund (UNICEF)]: 유니세프라고도 한다. 1946년 12월 유엔 총회의 결의에 따라 전쟁 피해 아동과 청소년들의 구호를 위해 설립되었다. 이 단체는 어린이의 생활 개선에 기여한 공로가 인정되어 1965년 노벨 평화상을 받았다.

- 월드비전: 1950년 한국 전쟁 중에 설립되어 현재 전 세계 100여 개국에서 긴급 구호 사업 및 개발 사업을 하고 있는 세계 최대의 기독교 비정부기구이다. 월드비전은 국내외에서 어린이의 신체적, 정신적, 정서적 발달을 도울 뿐만 아니라 안전하게 생활하는 가정과 지역 사회를 만드는 활동을 주로 한다.

- 국경없는 의사회(Medecins Sans Frontieres): 1971년에 설립되어 세계 각지의 분쟁·참사 지역에 신속히 들어가 구호 활동을 펼침으로써 인도주의를 실현하고 일반 대중의 관심을 촉구한 공로로 1999년 노벨 평화상을 받았다.

- 한국국제기아대책기구: 1989년 국내 최초로 해외를 돕는 해외 구호 비정부기구로 설립되었다. 유엔의 국제기아대책기구의 협력 단체로서, 유엔의 국제기아대책기구와 함께 세계 50개국에서 가난하고 굶주린 이웃들에게 긴급 구호와 개발 사업을 통해 생존과 자립 기반의 길을 열어 주고 있다.

- 굿네이버스: 가난하고 소외된 지구촌 이웃들의 문제에 관심을 가지며 전문적으로 해결해야 한다는 사회적 요청에 부응코자 1991년 한국인에 의해 설립되었다. 지금은 세계 25개국에서 전문 사회 복지 사업과 국제 구호 개발 사업을 하고 있다.

굶주림의 원인

1. 자연 재해: 홍수, 가뭄, 열대성 저기압(폭풍) 등 여러 가지 자연 재해는 가난한 나라에 매우 심각한 식량 문제를 일으킨다. 특히 가뭄은 식량 작물을 모두 말라 죽게 해 식량 부족의 가장 큰 원인이 된다. 2011년 에티오피아와 케냐, 소말리아에 가장 큰 피해를 입힌 것 또한 가뭄이다.

2. 전쟁: 전쟁은 굶주림에 가장 직접적인 영향을 미치는 원인이다. 수많은 사람들이 전쟁 때문에 살아갈 터전을 잃고 난민이 된다. 난민은 농사를 지을 수 없을 뿐만 아니라 구호 단체의 도움이 없으면 살아남는 것 자체가 어렵다. 아시아와 아프리카, 남미까지 전 세계 곳곳에서 전쟁 혹은 내전으로 인해 난민이 발생하고 있다.

3. 불평등한 부의 분배 구조와 정치 부패: 소수의 지도층이 부를 독차지하여 대다수의 국민은 매우 가난하다. 특히, 아프리카의 지도층은 국민을 이용해 자신의 배를 채우기 위해 정치적으로 부정부패를 일삼아 국민은 굶주림에 시달리고 있다.

4. 사막화: 사막화는 극심한 가뭄과 장기간에 걸친 건조화 현상, 과도한 경작과 관개, 산림 벌채, 환경오염으로 인한 기후 변화 등이 복합적으로 작용하여 토지가 사막으로 되는 현상이다. 사막화로 인해 1년에 지구상에서 없어지는 토지는 우리나라 면적의 60% 정도이다. 이미 사막화된 면적은 약 52억 헥타르로 전 세계 육지 면적의 약 30% 정도이다. 사막화로 인한 피해액은 연간 420억 달러에 달한다. 사막화 때문에 농작물을 경작할 수 없게 되면서 식량이 모자라 굶주림과 빈곤에 시달리게 된다.

Mexico

멕시코

05

사파티스타,
달팽이 자치

Mexico

1. 벽화 마을 여행

"아름아, 우리 벽화 마을로 여행 갈까?"
"벽화 마을이요?"
"그래. 경남 통영에 소포 벽화 마을이라고 있는데 인터넷으로 한 번 검색해 봐."
아름이는 인터넷으로 찾아 봤다. 소포 마을에 있는 벽화들은 고등학교 언니들이 그렸다고 한다.
"엄마, 예쁘고 재미있는 그림들이 아주 많은 것 같아요!"
"그렇지? 직접 가 보면, 더 좋을 거야."

아름이와 엄마는 벽화 마을로 여행을 떠났다.

엄마와 아름이가 함께 벽화 마을로 들어서 처음 만난 그림은 커다란 기린이었다. 엄마 기린은 목을 둥글게 구부려서 아기 기린을 쳐다보고 있었다.

"아름아, 기린 눈이 참 예쁘지?"

"네, 아기 기린도 너무 귀여워요."

아름이는 휴대폰으로 사진을 찍고 나서 다시 꼬불꼬불한 골목길 입구로 들어섰다.

이번에는 커다란 회색 코끼리가 나왔다. 코끼리는 아주 착해 보였다.

아름이네가 사는 곳은 골목이 반듯반듯한 길이었는데, 이곳은 좁은 골목길이 계속 연결되어 있었다. 골목이 끝나는 곳에서 또 다른 골목이 시작되는 게 다음 골목 모습을 궁금하게 했다.

"아름아, 저기 봐. 금붕어가 공기 속을 헤엄치는 것 같지?"

"그러게요. 여기 그림 속 동물이나 식물들은 다 행복해 보여요."

"그러게."

벽화 마을 골목은 계속 이어지며 책장을 그린 벽도 있었고, 나비와 새도 있었다. 아름이는 휴대폰으로 사진도 찍고 동영상도 찍으며 즐거운 시간을 보냈다.

여행에서 서울로 돌아오는 길에 아름이가 물었다.

"엄마, 그런데 벽화는 옛날 사람들이나 그렸던 거 아닌가요?"

"아주 옛날부터 사람들은 벽이나 바위에 그림을 그려 왔어. 에스파냐에 있는 알타미라 동굴 벽화는 구석기 시대 사람들이 그렸던 그림이야. 우리나라에서는 고구려 고분 벽화가 유명하고. 서양에서는 르네상스 시대가 벽화의 전성기였어. 전성기 때와는 다르지만 현대에 들어서도 벽화를 많이 그리지. 요즘에는 우리나라에도 소포 마을 같은 벽화 마을이 여러 곳에 있어."

"그래요? 그럼, 벽화로 유명한 나라는 어디에요?"

"멕시코야. 멕시코는 20세기 초에 국가적인 벽화 그리기 운동이 일어났어. 수도인 멕시코시티에 가면 지하철이나 대학교, 일반 건물, 공공건물 등 어디서나 벽화를 쉽게 볼 수 있다고 해. 그래서 멕시코를 벽화의 나라라고 부르기도 해. 그리고 멕시코에는 아주 색다른 벽화도 있어."

"어떤 벽화인데요?"

"치아파스라는 곳에 있는 벽화인데, 이 벽화에 대해 알아보려면 우선 멕시코 내전인 사파티스타 봉기에 대해서 알아야 해. 엄마랑 함께 멕시코는 어떤 나라인지 한번 알아보자."

2. 벽화의 나라, 멕시코

멕시코는 북아메리카 남서쪽에 있는 나라야. 면적은 한반도의 약 9배이고 세계에서 14번째로 큰 나라야. 수도는 멕시코시티야. 북쪽은 미국, 남쪽은 과테말라와 국경을 맞대고 있어. 인구는 1억 1천만 명이 넘어. 주민은 백인과 인디언의 혼혈족*인 메스티소가 60%, 인디언이 30%, 에스파냐계 백인이 9%이고, 그밖에 물라토, 삼보

⊙ 멕시코

등의 혼혈족이 있어. 공용어는 에스파냐어이고, 전 국민의 약 90%가 가톨릭을 믿어. 멕시코 사람들은 축구와 권투, 투우를 좋아해.

멕시코에는 마야·톨테카·아스테카 등 찬란한 고대 문명이 발달했던 곳이야. 아스테카 문명이 멕시코 최후의 문명이야. 아스테카의 수도 테노치티틀란은 커다란 호수 가운데 있는 섬에 세워진

도시였어. 테노치티틀란은 인구가 20만 명이 넘는 당시로서는 매우 큰 도시였어. 그런데 에스파냐의 침략으로 멸망했지.

1519년 에스파냐의 코르테스는 함선 11척, 군사 500여 명을 이끌고 멕시코를 침략했어. 1521년 코르테스가 이끄는 에스파냐군은 아스테카의 수도인 테노치티틀란을 점령했어. 멕시코는 이후 300년 동안 에스파냐의 식민지가 되었어. 식민지가 되고 나서 멕시코의 원주민들은 대농장에서 혹사당하면서 노예처럼 생활해야만 했지.

1810년 멕시코 사람들은 독립을 선언하고 전쟁을 일으켰어. 멕시코의 독립 운동가 중 가장 유명한 사람은 '멕시코 독립의 아버지'로 불리는 이달고 신부야. 이달고 신부는 에스파냐를 물리치고 멕시코의 독립을 이루자고 외치며 싸우다가 에스파냐 군대에 붙잡혀 목숨을 잃었어. 그러나 멕시코 사람들은 끝까지 싸워서 1821년 마침내 에스파냐에서 독립했어. 1846년에는 미국과의 전쟁에 져서 캘리포니아·텍사스 등 멕시코 북부 지역의 영토를 잃었어.

19세기 후반부터 20세기 초, 멕시코는 토지가 소수에게 집중되고 빈부 격차가 더욱 커지는 등 사회적 모순이 심각해졌어. 결국 1910년 '토지와 자유'를 내세우면서 에밀리아노 사파타* 등이 이끄는 세력들이 혁명을 일으켰지. 1917년 농민·노동자의 권리가 보장된 신헌법이 제정되면서 혁명은 끝났단다(멕시코 혁명). 멕시코 혁명 이후, 혁명에 참가했던 세력들은 제도혁명당이라는 정당을 만들었는데, 제도혁명당은 1929년부터 2000년까지 71년 동안 정권을 독점했어.

1920년대에는 벽화 운동이 일어났는데 이 운동은 1970년대까지 이어졌단다. 멕시코 정부는 민족 예술과 멕시코 문화의 정체성을 찾기 위해 이 운동을 지원했어. 공공건물 벽에 그림을 그려 누구나 예술을 접할 수 있도록 한 거지. 벽화에는 멕시코의 역사, 문

디에고 리베라, '멕시코의 역사 에스파냐 정복부터 1930년까지' 멕시코 대통령 궁, 1931년.

화, 민중의 모습 등이 그려졌어. 이때 활동했던 유명 화가로는 멕시코 벽화의 3대 거장인 디에고 리베라*, 다비드 알파로 시케이로스*, 호세 클레멘테 오로스코*가 있어. 이 운동으로 멕시코 사람들은 인디언들의 토착 문화에 대해 새롭게 생각하게 되었단다.

  1970년대 중반 이후 멕시코는 빠르게 경제 성장을 했지. 멕시코는 주요 산유국 중 하나로 원유 수출이 경제 성장을 이끌었어. 그런데 1980년대 중반 이후 유가가 하락하자 심각한 재정난을 겪게 되었지. 이에 멕시코 정부는 재정난을 해소하고 경제 성장을 지속시키기 위해 국영 기업의 민영화, 시장 자유화 등 신자유주의 정책을 추진했어. 1992년 체결된 북미자유무역협정NAFTA*도 신자유주의 정책의 하나야.

  1994년 1월 1일에는 북미자유무역협정이 발효되었는데, 이날 멕시코의 치아파스 주에서는 사파티스타 봉기가 일어났어. 이 두 사건은 서로 밀접한 관련을 갖고 있단다. 북미자유무역협정은 세계화와 시장 자유화를 추구하였고, 사파티스타 봉기는 바로 북미자유무역협정에 반대해서 일어났던 거야.

- 혼혈족: 중남미의 혼혈족은 메스티소, 물라토, 삼보가 있다. 메스티소는 백인과 인디언의 혼혈족, 물라토는 백인과 흑인의 혼혈족, 삼보는 인디언과 흑인의 혼혈족이다.

- 에밀리아노 사파타(1879~1919): 멕시코 혁명의 농민군 지도자이자 토지 개혁 선구자. 1911년 빈농들과 공동체 농민을 이끌고 멕시코 혁명에 참가해 그 승리에 공헌했고, 그 뒤에도 중앙 정부에 대하여 무장 투쟁을 계속했다. 그의 주장은 1917년에 토지 개혁을 규정한 조항인 헌법 27조에 커다란 영향을 주었다.

- 디에고 리베라(1886~1957): 멕시코 현대 회화의 거장이며 유럽에서 유학하고 돌아와 벽화 운동에 큰 획을 남긴 화가이다. 그는 에스파냐 정복자들과 미국의 자본주의자들, 멕시코 상류층들을 풍자하면서 멕시코 혼혈 인종을 부드러운 선과 볼륨감 있는 터치로 온화하게 재현하였으며, 아스테카와 마야 문명 시대를 이상적으로 미화시키면서 대중에게 많은 공감과 사랑을 받았다.
그의 배우자인 프리다 칼로 역시 멕시코의 유명한 화가이다.

- 호세 클레멘테 오로스코(1883~1949): 멕시코 혁명 이후 민족 부흥 운동의 일환으로 미술가 조합을 조직하였다. 전 생애를 멕시코 혁명과 함께했고, 혁명과 전쟁의 영웅적 광경을 비극적인 시각으로 강렬하게 그려 냈다. 날카롭고 곧은 선으로 역사적인 비극의 감성을 높였으며, 정복의 폭력성과 혁명에서 죽음의 비극 등을 생생하게 표현하였다.

- 다비드 알파로 시케이로스(1896~1974): 멕시코 혁명에 가담하여 공산주의 예술가가 되었다. 벽화의 평면성을 극복하고 움직임과 역동성을 살리기 위해 공간에 대해 많이 연구하고 새로운 벽화 기술을 도입하였다. 시케이로스의 벽화는 관람자가 움직이면서 볼 때마다 그 느낌이 변화하는 것이 특징이다.

• 북미자유무역협정(NAFTA, North American Free Trade Agreement): 미국, 캐나다, 멕시코 등 3개국이 자유 무역과 경제적 협력을 목적으로 1992년 10월 11일에 체결한 협정이다. 1994년 1월 1일 발효되었다. 주요 내용은 3개국 간에 재화와 서비스 이동에 대한 각종 관세 및 비관세장벽을 향후 15년간 단계적으로 철폐한다는 것이다. 협정으로 미국의 자본과 기술, 캐나다의 자원, 멕시코의 노동력을 바탕으로 경제 통합을 이루어 거대한 단일 통합 시장을 구축하게 되었다.

3. 가장 가난한 곳에서 일어난 사파티스타 봉기

"사파티스타 봉기가 일어난 치아파스는 어떤 곳이에요?"

"치아파스는 멕시코의 남동쪽 끝에 있는 주야. 천연자원이 풍부하지만 멕시코에서 가장 가난한 곳이지. 이곳은 전체 주민의 30% 이상이 원주민인데 멕시코 정부는 이들을 차별했어. 이곳 사람들은 교육에서도 소외되었기 때문에 문맹률이 전국 수준의 3배가 넘었어. 치아파스에 사는 농민들은 자신들의 문화와 권리를 지키고자 사파티스타라는 조직을 만들었단다."

"사파티스타는 어떤 단체죠?"

"사파티스타는 에밀리아노 사파타의 정신을 계승한다는 뜻에서

사파티스타 민족해방군 자치 마을에 있는 벽화

붙여진 이름이야. 사파타는 1910년 멕시코 혁명 당시 농민의 이익을 대변하여 농지 개혁을 주장했던 농민 출신 혁명 영웅이란다.

 사파티스타는 자치권을 요구했지만 멕시코 정부는 그들의 요구를 들어 주지 않았어. 그리고 농민들이 땔감과 농지를 얻기 위해서는 벌목이 필요했는데, 오히려 멕시코 정부는 벌목을 금지했고, 농민들에 대한 강제 이주 정책을 시행했어. 이에 반발한 농민들은 1991년부터 테러와 폭동을 일으키기도 했지.

1994년 1월 1일 사파티스타는 민족해방군을 만들어 농민들의 가난과 사회적 차별을 없애고자 봉기를 일으켰으며 다음과 같은 내용의 선언문을 발표했단다.

> "우리는 가장 기초적인 물품에도 접근할 수 없었다. 그래서 그들은 우리를 대포밥으로 사용할 수 있었고, 우리 나라의 부를 약탈할 수 있었다. 그들은 우리가 아무것도, 전혀 아무것도, 우리의 머리를 덮을 지붕 하나조차도, 어떠한 토지도, 어떠한 일도, 어떠한 의료도, 어떠한 식량도, 어떠한 교육도 갖고 있지 못하다는 것에 아랑곳하지 않았다. 우리는 또 우리의 정치적 대표를 자유롭고 민주적으로 선출할 수도 없었다. 외국인으로부터의 독립도 없었으며, 우리 자신과 우리 아이들을 위한 평화도 정의도 없었다."

　이 선언문은 에스파냐의 식민 통치 이후 500여 년 동안 계속된 원주민과 농민들에 대한 차별과 억압을 그만두라는 외침이었어.

　"사파티스타는 멕시코 정부와 싸웠어요?"

　"사파티스타 민족해방군은 치아파스의 7개 도시를 점령했어. 멕시코 정부는 대규모 병력을 동원해 헬기와 탱크로 사파티스타를 공격했어. 결국 사파티스타는 치아파스의 라칸돈 정글로 숨어 들었지. 1996년 1월에는 사파티스타 민족해방군은 무력을 사용하지 않겠다고 선언했어. 2월에는 멕시코 정부와 '원주민의 권리와 문화에 대한 협정'이 체결되었어. 그러나 그 뒤에도 무력 충돌이 발생하고 아직까지도 긴장이 계속되고 있어.

2000년 멕시코 정부는 원주민들의 권리를 법적으로 보장해 주는 법을 제정하겠다고 했어. 그러나 멕시코 정부는 약속을 지키지 않았지. 이에 2001년 사파티스타는 라칸돈 정글에서 멕시코시티까지 3,000km를 행진했어. 그리고 멕시코시티의 헌법 광장에서 원주민의 문화와 권리를 보장해 달라고 요구했어."

"사파티스타 봉기는 다른 나라의 내전과는 다른 것 같아요."

"사파티스타는 신자유주의에 반대했어. 그래서 사파티스타는 신자유주의 정책인 북미자유무역협정이 발효되는 날인 1994년 1월 1일에 봉기했어. 사파티스타는 북미자유무역협정이 가난한 치아파스 농민들에게 사형 선고와 같다고 비판했어. 그리고 신자유주의에 반대하는 세계 시민 사회에 지지를 호소했어. 그 결과 1996년에는 라칸돈 정글에서 '인류를 위하고 신자유주의에 반대하는 대륙 간 회의'가 열렸지. 이 회의에는 전 세계 42개국에서 4천여 명이 참가했단다.

사파티스타는 아주 특이한 방법으로 싸웠어. 이들의 무기는 총이 아닌 인터넷과 글이었어. 사파티스타의 지도자는 마르코스*인데, 그는 스키 마스크를 쓰고 항상 노트북 컴퓨터를 가지고 다니면서 인터넷을 통해 자신들의 투쟁 이유와 목적을 밝히고 전 세계에 지지를 호소했어. 그래서 사파티스타 봉기를 '포스트모던 혁명', '사이버 게릴라'라고 부르기도 해."

> **Tip**
>
> • 마르코스: 제2의 사파타 또는 제2의 체 게바라로 불린다. 출신은 물론 이름마저도 베일에 싸인 신비의 인물이다. 그는 중산층 가정에서 태어나 멕시코 국립 자치대학을 졸업하고 프랑스의 소르본 대학에서도 공부한 것으로 알려졌다. 그는 대학 졸업 후 치아파스 주 라칸돈 정글의 빈민촌에서 사회봉사 활동을 했다고 한다. 또한 1980년 니카라과 소모사 정권이 축출된 직후, 니카라과에 머물며 농민 조합을 조직하는 등, 산디니스타 혁명에 참여했다고 한다.

4. 달팽이 자치

아름이는 치아파스에 있는 벽화가 궁금해졌다.
"치아파스의 벽화에는 어떤 그림이 그려져 있어요?"
"치아파스에는 가난하고, 글을 모르는 사람이 많다고 했지. 그래서 글 대신 벽화를 통해서 자신들의 경험과 희망을 나타낸다고 해. 마을의 벽화에는 사파티스타들이 존경하는 혁명가인 사파타, 체

게바라, 마르코스의 모습이 많이 그려져 있어."

아름이는 신자유주의에 대해서도 궁금증이 생겼다.

"엄마, 신자유주의가 뭐예요?"

"응, 오늘날 신자유주의는 세계적인 흐름이란다. 경기가 침체하고 정부의 재정 적자가 커지면서 등장했지. 신자유주의는 기업이나 자본의 '자유'를 가장 중요하게 생각한단다. 경제 활동에서 정부의 간섭을 줄이고 시장의 자유 경쟁에 맡겨 경기를 활성화하겠다는 거지. 그래서 신자유주의를 추구하는 정부는 기업 활동에 대한 규제를 완화하고, 기업의 세금을 줄이고, 구조 조정을 기업이 자유롭게 할 수 있도록 허용하고, 공기업을 민영화하고, 외국 기업들이 국내 시장에 자유롭게 들어올 수 있도록 하여 경기가 활성화되도록 하는 정책을 펼친단다."

"근데, 사파티스타는 왜 신자유주의를 반대했어요?"

"응, 신자유주의에서는 소수인 기업이나 자본가들은 수익을 극대화할 수 있는 반면, 다수인 서민들은 국가의 복지 정책의 축소 등으로 인해 더욱 소외받게 된단다. 빈익빈 부익부 현상이 심화되기 때문에 사회가 양극화될 수 있지. 그래서 멕시코의 가장 가난한 곳인 치아파스 주의 원주민 농민들의 조직인 사파티스타는 신자유주의인 북미자유무역협정을 반대했던 거지."

"엄마, 치아파스의 사파티스타들은 지금은 어떻게 살고 있어요?"

"사파티스타는 치아파스 주에서 자치를 하고 있어. 치아파스에는 '달팽이'라고 불리는 다섯 개 지역 거점과 '좋은정부위원회'라는 정치 조직, 그리고 30여 개의 자치 마을이 있어. 자치 마을에는 마을 운영회와 마을 대표회의가 있어. 이렇게 좋은정부위원회와 마을 운영회 등을 통해 자율적으로 입법, 사법, 행정의 기능을 수행하면서 자치를 하고 있단다."

"왜 지역 거점 이름이 달팽이예요?"

"달팽이는 느리지만 멈추지 않고 나아가고, 달팽이의 등껍질 모양이 중심에서 원을 그리며 외부로 퍼져나가는 모습을 담고 있기 때문이래."

"엄마, 치아파스는 글을 읽지 못하는 사람들이 많다고 했는데, 학교는 없어요?"

"그래, 치아파스는 문맹률이 높고, 평균 수명도 멕시코에서 가장 낮았어. 그래서 지역 거점 조직인 달팽이와 자치 마을이 만들어졌을 때, 가장 먼저 세운 것이 학교와 병원이었단다. 아직도 부족하지만 자치 마을마다 초등 교육 기관이 있고, 달팽이에는 중등 교육 기관이 있단다. 그리고 자치 마을에는 보건소가 있고 지역 거점인 달팽이에는 수술실을 갖춘 병원도 있어."

"엄마, 치아파스 사람들은 느려도 쉬지 않는 달팽이죠?"

"그럼. 쉬지 않고 나아가다 보면, 언젠가는 치아파스 사람들이 바라는 마을이 될 거야."

Colombia

콜롬비아

06

어린이,
평화의 파수꾼이 되다!

Colombia

1. '지구가 100명의 마을이라면'

 오늘 2교시 수업 시간에는 '지구가 100명의 마을이라면'이라는 애니메이션을 보았다. 이 애니메이션은 국제 어린이 방송의 날을 기념해서 만들어진 거라고 했다.
 "이 애니메이션은 전 세계를 100명이 사는 지구 마을이라고 생각하고 꼼꼼히 살펴본 거야."
 선생님이 말했다.
 "네, 선생님. 책도 읽었어요!"
 푸름이가 자랑스럽게 말했다.

"그래, 책도 있지. 그럼 지구 마을 사람들이 어떻게 살고 있는지 살펴볼까?"

'지구 마을에 100명의 사람들이 산다면' 애니메이션이 시작되었다.

> 지구 마을에 사는 사람 중 60명은 아시아에서, 15명은 아프리카에서, 13명은 아메리카에서, 11명은 유럽에서, 1명은 오세아니아에서 온 사람이다.
> 100명 중 37명은 스무 살이 되지 않았고, 63명은 어른이다. 이 중 60살이 넘은 사람은 10명이다. 남자는 48명, 여자는 52명이다. 지구 마을 사람들 중 33명은 기독교를, 22명은 이슬람교, 14명은 힌두교, 5명은 불교를 믿는다.
> 지구 마을 사람들은 21명은 중국어, 9명은 영어, 9명은 힌디어, 7명은 에스파냐어로 말한다.

애니메이션을 잠깐 멈추고, 선생님이 말했다.

"지구 마을은 정말 다양하지? 너희가 지구 마을에 사는 사람이라면, 어떤 사람인지 한번 살펴보자. 우선 어린이고, 아시아 사람이고, 한국말을 하는 사람이야. 그렇지?"

"네!"

"그럼, 이제 이 마을에 사는 사람들이 무엇을 먹고 어떻게 사는지도 알아보자. 지구 마을에 사는 100명 중에 30명은 종종 굶고 있고, 17명은 영양실조이고, 100명 중 13명은 깨끗하고 안전한 물을 마실 수 없다고 한다."

시현이는 지구 마을 사람들 중에 생각보다 훨씬 더 많은 사람들이 굶주리고 있다는 사실에 놀랐다.

"지구 마을 사람들 모두가 잘 먹고, 즐겁게 지내고 있지는 못하지?"

"굶주리는 사람들이 너무 많은 것 같아요."

선생님 질문에 시현이가 걱정스러운 표정으로 대답했다.

"지구 마을에 100명이 살아간다고 생각하니, 어때?"

"모두 이웃 같아요."

"맞아, 우리는 하나뿐인 지구촌에 함께 살아가는 이웃이란다. 그러니까 지구 마을에 어떤 일이 일어나는지 아는 것도 중요해."

"선생님, 지구 마을에서는 자가용을 갖고 있으면 7명 안에 드는 부자네요. 컴퓨터도 2명만 갖고 있어요. 그럼, 우리 집은 자가용도 있고 컴퓨터도 있으니 엄청 부자겠네요?"

준혁이가 질문했다.

"그래. 자가용이나 컴퓨터가 없는 사람도 많고, 먹을 것이 없어 굶주리는 사람이나 깨끗한 물을 마시지 못하는 사람도 아주 많아."

"……."

아이들이 조용히 고개를 끄덕였다.

"그뿐만이 아니야. 지구 마을에 사는 사람들 중 20명이 공습, 폭격 등으로 목숨을 위협받아. 그리고 납치를 당할지 몰라 두려워하며 날마다 공포에 떨고 있단다."

선생님이 덧붙여 말했다.

"납치는 너무 무서워요!"

시현이가 말했다.

"콜롬비아라는 나라가 있어. 커피가 유명한 나라지. 콜롬비아는 커피만큼 유명한 게 또 있는데, 불행하게도 그것은 내전과 납치와 마약이란다."

"선생님, 언제 어디서 납치될지 모르는 곳에서 어떻게 살아요?"

선생님이 고개를 끄덕이며 이야기했다.

"콜롬비아는 어떤 나라인지 한번 알아보자."

2. 커피와 내전의 나라

⊙ 콜롬비아

콜롬비아는 남아메리카에서 4번째로 큰 나라야. 국토 면적은 한반도의 5배 정도이며 수도는 산타페데보고타야. 콜롬비아는 카리브 해와 태평양에 접해 있어. 콜롬비아는 남아메리카에서 가장 큰 산맥인 안데스 산맥을 끼고 있지.

콜롬비아는 무엇보다도 커피로 유명하단다. 1년에 98만 톤의 커피를 생산하여 세계에서 브라질 다음으로 커피 생산량이 많은 나라야. 콜롬비아의 커피는 주로 고산 지대인 안데스 산간 지방에서 재배되는데, 품질이 매우 좋고 감칠맛과 향미가 뛰어나 세계 최고로 평가되고 있어. 그 외에도 콜롬비아는 사탕수수, 바나나, 카카오 등도 많이 재배하고 있어. 그리고 금·은·백금·철·수은·석탄·석유·보크사이트·니켈·몰리브덴·우라늄 등 지하자원이 많은 나라야. 특히 콜롬비아는 남아메리카에서 베네수엘라 다음으로 석유 생산이 많은 나라란다.

콜롬비아는 16세기에 에스파냐의 식민지가 되었는데 1810년에 독립을 선언했어. 1819년에는 시몬 볼리바르*가 에스파냐군을 물리치고, 현재의 콜롬비아, 베네수엘라, 에콰도르 3국을 포함한 그란(大)콜롬비아공화국을 수립했어. 1830년에는 그란콜롬비아공화국이 해체되고 콜롬비아는 누에바그라나다라고 되었다가, 1886년 오늘날의 콜롬비아공화국이 되었어.

콜롬비아는 건국 이후 내전으로 많은 사람들이 고통받았어. 보수주의 세력과 자유주의 세력이 다투었기 때문이지. 1899년에 일어났던 '천일 전쟁*'에서는 10만 명 이상이 죽었어. 1948년부터

- 시몬 볼리바르(1783~1830): 베네수엘라의 독립 혁명 지도자. '라틴 아메리카 해방자'라고 불린다. 라틴 아메리카의 독립을 위하여 에스파냐군과 싸워 베네수엘라, 콜롬비아, 에콰도르를 해방시키고 그 지역에 그란(大)콜롬비아 공화국을 수립하여 대통령이 되었다. '볼리비아'라는 나라 이름은 그의 이름에서 따왔다.

- 천일 전쟁(1899~1902): 보수주의 세력과 자유주의 세력 사이에 일어났던 콜롬비아 내전. 약 1000일 동안 벌어져 '천일 전쟁'이라고 부른다. 1898년 선거에서 보수주의자인 상클레멘테가 대통령에 당선되자, 자유주의자들은 이를 부정 선거라고 비난했다. 이에 고령으로 통치가 어려웠던 상클레멘테 대통령은 부통령이었던 마로킨에게 권력을 위임했다. 마로킨은 자유주의자들이 선호할 만한 개혁 정책을 시행했다. 그러나 대통령에 복귀한 상클레멘테는 마로킨의 모든 개혁 정책을 무시했다. 결국 자유주의자와 보수주의자 간의 갈등을 불러일으켰고, 1899년 전쟁이 일어났다. 이 전쟁으로 10만 명 이상의 인명과 수많은 재산을 잃었을 뿐만 아니라, 원래 콜롬비아의 영토였던 파나마가 독립을 선언함으로써 파나마 운하까지 잃게 되었다.

1958년까지 벌어졌던 내전에서는 약 20만 명이 죽기도 했지. 이후 보수주의 세력과 자유주의 세력 사이에 정치 협상이 이루어져 내전은 끝났어.

콜롬비아 무장혁명군

1960년대에는 또 다른 내전이 시작되었어. 콜롬비아 정부와 반정부 세력 간의 내전인데 지금까지 계속되고 있어. 빈부 격차와 뿌리 깊은 불평등이 원인이었지.

콜롬비아는 국민의 극소수인 유럽계 사람들이 정치권력과 경제력을 거의 독차지하고 있어. 대다수의 국민은 아무런 혜택도 누리지 못하는 가난한 사람들이야. 그래서 갈등과 불만이 쌓여 내전으로 폭발한 거지.

1960년대부터 시작된 내전을 주도하는 반정부 무장 세력으로는 콜롬비아 무장혁명군FARC과 콜롬비아민족해방군ELN이 대표적이야. 이들은 농촌과 정글 지역을 기반으로 무장 투쟁을 전개하고 있어. 반군들은 현재 사실상 콜롬비아 국토의 절반 정도를 장악하고 있지.

반군들은 콜롬비아 정부를 무너뜨리고 사회적 불평등을 해소하고, 반미 정부를 세우는 것을 목표로 활동하고 있단다. 이들은 군부대 습격, 테러, 납치, 원유 수송관 파괴, 국가 기반 시설 공격 등을 일삼고 있어. 이들은 또한 마약 밀매 사업에서 벌어들인 돈을 활동 자금으로 사용하고 있지.

반군들과 싸우는 세력으로는 정부군 외에 우익 민병대와 우익 게릴라 단체들이 있어. 민병대는 지주들이 스스로를 지키기 위해 만든 자위대로 시작했지. 대표적인 단체로는 콜롬비아자위대AUC가 있어. 민병대는 반군들을 제거하고, 마약 밀매를 없앤다며 콜롬비아 정부와 미국으로부터 훈련과 무기 등을 지원받고 있어. 그런데 민병대도 폭력적인 무장 단체로 납치, 마약 밀매, 무기 거래 등을 일삼고 있어.

콜롬비아에서는 내전으로 매년 3,500여 명이 죽고 난민은 100만 명에 달한다고 해.

3. 마약과 납치, 그리고 평화를 위한 노력

"선생님. 그럼 콜롬비아는 세계에서 마약을 가장 많이 생산하는 나라예요?"

"전 세계 마약의 80% 이상이 콜롬비아에서 생산된대. 마약은 코카나무 잎에서 추출한 코카인으로 만들어. 1990년대 후반 콜롬비아 주변 국가인 페루와 베네수엘라가 마약 생산을 금지하면서 콜롬비아의 마약 생산이 매우 늘어났어. 콜롬비아가 마약 밀매로 벌어들이는 돈은 커피 수출로 벌어들이는 돈의 4배가 넘는대."

시현이가 고개를 갸웃하며 질문했다.

"마약 판매는 불법 아니예요?"

"당연히 불법이지. 그렇지만 이 나라에는 법이 미치지 않는 곳이 아주 많아. 반군들이 마약 생산자와 마약 조직으로부터 자금을 지원받고 마약 재배지와 마약 조직을 보호해 준대. 반군은 자신들이 장악하고 있는 지역에서 생산되고 유통되는 모든 마약에 대해 '혁명세'의 명목으로 20%의 세금을 거두어들인대. 반군들은 마약 생산자와 마약 조직에게서 받은 돈으로 미사일, 박격포, 중화기, 야간투시경 등 최신식 무기를 구입해서 내전을 계속하고 있지. 콜롬비아는 마약과 관련된 범죄 조직과 내전 때문에 총소리가 끊임없이 계속되는 나라야."

"콜롬비아는 납치도 많이 일어난다면서요?"

"콜롬비아는 세계에서 납치가 가장 많이 일어나는 나라야. 세계에서 일어나는 납치 사건의 50% 이상이 콜롬비아에서 일어난다고 해. 반정부 무장 세력들은 고급 공무원이 탄 여객기를 공중 납치하기도 하고, 주지사나 시장 등 고급 공무원은 물론 전직 장관, 성직자까지 납치해서 살해하거나 인질의 몸값을 요구하기도 해. 2000년 이후 콜롬비아무장혁명군은 한 해에 인질의 몸값으로 1억 1천만 달러를 받기도 했대. 2002년에는 콜롬비아의 대통령 후보였던 잉그리드 베탕쿠르*가 납치되어 인질로 정글에 잡혀 있었는데, 6년 후인 2008년 구출되었단다."

"대통령 후보가 납치되어 몇 년씩이나 잡혀 있었어요?"

선생님 이야기를 듣고 있던 준혁이가 깜짝 놀라 물었다.

"그래. 그러니 콜롬비아 국민들은 납치와 폭력 때문에 삶이 위협 받고 있지. 특히 납치와 폭력은 어린이들의 미래에 더 어두운 그림자를 드리우고 있어. 어린이들이 다니는 학교가 어느 날 학살 현장이 되기도 하고, 함께 공부하던 친구가 총을 들고 나타나기도 해.

한 마을에 차례로 반군과 민병대가 나타나고, 반군과 민병대가 번갈아가면서 상대방을 도왔다며 마을 사람들을 처형하거나 마을에서 내쫓아 버리기도 했어."

"마을에서 총격전이 벌어지면 어떻게 해요?"

"아이들은 두려움에 떨어야 해. 총격전 후에는 여기저기 죽거나 다친 사람들이 아주 많지. 가족이나 친척, 친구들이 희생되고 자신도 언제라도 그렇게 될 수도 있다고 생각할 수밖에 없지. 내전의 고통 속에 시달리는 아이들은 간절히 평화를 원했어."

"그렇겠죠!"

"그래서 1990년대 중반 콜롬비아 사람들은 시민 스스로 평화를 위한 노력을 시작했어. 특히 1996년 어린이들은 '콜롬비아 어린이 평화 운동'을 시작했지. 이 운동을 이끈 어린이 활동가들은 '평화와 권리를 위한 어린이 명령'에 대한 투표를 실시하고, 이 투표에 콜롬비아의 어린이 50만 명 이상이 참여하게 하자는 계획을 세웠어.

"'평화와 권리를 위한 어린이 명령' 투표 용지에는 콜롬비아 헌법과 아동 권리 협약*에서 뽑은 어린이의 권리 12가지가 후보로 올라 있었어. 거기에는 교육을 받을 권리, 재판을 받을 권리, 평화롭게 살 권리, 안전한 환경에서 살아갈 권리 등이 있었어. 어린이들이 이 권리 중 자신이 바라는 권리에 투표하는 것이지."
 "'평화와 권리를 위한 어린이 명령'은 누가 이끌었어요?"

"어린이 활동가들이 앞장섰어. 활동가 중에 메이얼리 산체스가 있어. 메이얼리에게는 밀턴이라는 친한 친구가 있었어. 두 아이는 내전이 계속되고 있는 콜롬비아이지만 학교에 다니고 있었어. 그런데 어느 날, 밀턴이 무장 단체에게 살해되었어. 어른들이 수십 년째 서로 전쟁을 하고 있는 콜롬비아에서는 이런 일이 자주 일어나지."

"친구의 죽음에 메이얼리는 무척 충격을 받았겠네요?"

"그랬겠지. '내 친구 밀턴은 겨우 열두 살인데 죽었고, 또 어떤 친구가 죽을지도 몰라, 어쩌면 나도!' 하고 말이야."

"선생님, 그래서 메이얼리는 자신이 무엇을 할 수 있을까 생각했나 봐요."

"그래, 메이얼리는 '콜롬비아 어린이 평화 운동'에 적극 참여하기로 했어. 메이얼리는 국제 구호 단체인 월드비전이 후원하는 회의에 참석하게 되었을 때 '콜롬비아 어린이 평화 운동'에 대해 지지해 줄 것을 호소했대."

Tip

• 잉그리드 베탕쿠르(1961~): 콜롬비아의 여성 정치인이다. 2002년 5월 치러지는 대통령 선거에 녹색산소당 후보로 출마하였다. 그는 위험을 무릅쓰고 반군이 점령한 지역으로 들어가 선거 운동을 했으나, 2002년 2월, 부통령 후보 클라라 로하스와 함께 콜롬비아 무장혁명군(FARC) 세력에 납치되었다. 결국 6년여에 걸친 억류 생활 끝에 2008년 7월 콜롬비아 정부군에 의해 구출되었다.

• 아동 권리 협약: 아동을 단순한 보호 대상이 아닌 존엄성과 권리를 지닌 주체로 보고 이들의 생존, 발달, 보호에 관한 기본 권리를 명시한 협약이다. 이 협약은 1989년 11월 20일 유엔 총회에서 만장일치로 채택돼 193개국이 비준하였다. 전문 및 54개조로 이루어져 있으며 아동의 권리를 포괄적으로 정하고 있다. 18세 미만 아동의 생명권, 의사 표시권, 고문 및 형벌 금지, 불법 해외 이송 및 성적 학대 금지 등 각종 '아동 기본권'의 보장을 규정하고 있으며 협약 가입국은 이를 위해 최대한의 입법 사법 행정적 조치를 취하도록 의무화하고 있다.

"우리들은 '콜롬비아 어린이 평화 운동'을 만들었습니다. 우리는 언젠가 콜롬비아의 분쟁을 멈추고, 콜롬비아 사람들이 평화롭게 살 수 있는 나라를 만들 것입니다. 제발 우리를 도와주세요."

"메이얼리 산체스 같은 활동가들은 '평화와 권리를 위한 어린이 명령'에 대한 투표를 실시하기 위해 콜롬비아의 여러 단체에서 지원을 받아 냈고, '평화와 권리를 위한 어린이 명령'을 알리고, 투표에 참여할 수 있도록 하는 다양한 활동을 계속해 나갔지."

4. 평화를 위한 어린이 명령

시현이는 어린이 평화 운동에 대해 더 알고 싶었다.

"선생님, 메이얼리는 무섭지 않았을까요? 저라면 전쟁 때문에 친구가 죽는다면 너무 슬프고 무서워서 아무 생각도 못했을 것 같아요."

"그래. 메이얼리도 처음에는 무척 슬펐고 두려웠을 거야. 그렇지만 친구를 위해 할 수 있는 일을 생각했지. 메이얼리는 전쟁을 계속하면 안 된다고 생각했고, 그러면 자신부터 전쟁을 막기 위한 노력을 해야 한다고 생각한 거야."

"'평화를 위한 어린이 명령' 투표는 정말 굉장한 일 같아요. 그런데 전쟁 중이라서 어른들이 말리지 않았어요?"

"그랬지. 어른들은 무장 단체인 반군과 민병대가 투표하는 어린이들을 공격할까 두려워했어. 무장 단체들은 평화를 위한 어떤 행동이나 조치도 싫어하니까 말이야."

"아이들이 정말 용기 있어요! 그런데 투표는 잘 이루어졌어요?"

"활동가들은 '평화를 위한 어린이 명령' 투표를 준비하면서 무장 단체에 전쟁을 멈추라고 호소했어."

"무장 단체가 어린이들의 말을 들었나요?"

"투표하는 날은 콜롬비아 어디에서도 총소리가 들리지 않았고 폭력이나 납치도 없었대. 이날만은 평화로운 하루였지."

"어른들의 걱정과는 반대였네요. 정말 다행이에요."

"콜롬비아 어린이 270만 명이 투표장에 나와 투표했어. 어린이들은 살아남을 권리, 평화롭게 살 권리, 가족과 함께 살아갈 권리를 가장 많이 지지했어."

"그런데 선생님, 콜롬비아 아이들이 투표에서 지지한 권리들은 어린이라면 누구나 누려야 할 기본적인 권리 아닌가요?"

"맞아! 어른들이 벌인 전쟁 속에 살아가는 아이들이 얼마나 평화를 원하고 있는지 보여 주었던 거야."

시현이는 아무런 힘이 없다고 생각한 어린이들이 만들어 낸 '어린이 명령'이 무척 놀라웠다.

"선생님, 어린이 270만 명이 50년 간 계속된 전쟁을 그만 끝내

라고 명령을 내린 거네요."

"그렇지! '콜롬비아 어린이 평화 운동'은 가장 성공적인 어린이 운동으로 알려졌어. 노벨 평화상 후보로도 지명되었어. 그리고 어린이 노벨상으로 불리는 스웨덴 '어린이 인권을 위한 세계 어린이상' 재단에서 명예상을 받기도 했어."

"와! 굉장해요."

아이들이 합창하듯 말했다.

"얘들아, 평화를 사랑하는 아이들의 힘이 대단하지?"

"네. 아이들은 평화를 원해요. 아이들의 생각과 실천이 세상을 바꿀 수 있다는 걸 알게 되었어요."

"'콜롬비아 어린이 평화 운동'이 전쟁을 끝내게 하지는 못했지만 아이들이 평화의 소중함을 충분히 깨닫게 했어. 그뿐만 아니라, 평화 운동을 하던 활동가들이 자라고, 또 새로운 아이들이 참여하면서 더욱 다양한 활동을 전개하고 있대."

:: 교과연계

시에라리온

학년	과목	주제
2학년 2학기	통합교과 (우리나라)	1. 우리나라와 이웃 나라 -지구 마을 여행
4학년 1학기	도덕	4. 둘이 아닌 하나되기 -통일의 꿈을 준비해요.
6학년 1학기	국어	5. 사실과 관점 -고유어, 한자어, 외래어, 외국어를 파악하며 글 읽기
6학년 2학기	사회	2. 세계 여러 지역의 자연과 문화 (3) 바다가 넓고 자원이 풍부한 남반구 -아프리카의 자연환경과 인문환경 알아보기

콩고민주공화국

학년	과목	주제
6학년 2학기	사회	2. 세계 여러 지역의 자연과 문화 (3) 바다가 넓고 자원이 풍부한 남반구 -아프리카의 자연환경과 인문환경 알아보기
4학년 1학기	국어	6. 소중한 정보 - 휴대 전화를 사용하는 바른 태도를 알아보고, 보고 들은 내용에 대한 생각 나누기
4학년 1학기	과학	4. 혼합물의 분리 -폐휴대 전화를 재활용하여 금속을 얻는 방법을 알아보기
4학년 2학기	국어	4. 글 속의 생각을 찾아 -동물 보호에 대한 글을 읽고 주제를 파악하는 방법 알기
6학년	실과	5. 동물과 함께 하는 생활 -애완동물 기르기

수단

학년	과목	주제
1학년 1학기	통합교과 (여름)	1. 여름이 왔어요 - 에너지를 아껴 온실가스 줄이기
6학년 1학기	과학	4. 생태계와 환경 -지구 온난화를 위한 국제적인 노력 알아보기
6학년 1학기	사회	3. 환경을 생각하는 국토 가꾸기 (2) 환경 문제의 해결을 위한 노력 -지구 온난화가 우리 생활에 미치는 영향 알아보기
6학년 2학기	사회	2. 세계 여러 지역의 자연과 문화 (3) 바다가 넓고 자원이 풍부한 남반구 -아프리카의 자연환경과 인문환경 알아보기

소말리아

학년	과목	주제
3학년 1학기	사회	2. 이동과 의사소통 (2) 이동과 의사소통 수단의 발달 – 해상 교통 수단의 발달 과정을 알아보기
4학년 2학기	도덕	6. 내가 가꾸는 아름다운 세상 – 지구촌 곳곳에서 일어나는 자연재해의 모습을 살펴보기
6학년 2학기	사회	3. 정보화, 세계화 그리고 우리 (4) 통일과 인류 공동 번영의 길 – 국제 연합의 지구촌의 갈등과 문제 해결을 위한 노력
6학년 2학기	사회	2. 세계 여러 지역의 자연과 문화 (3) 바다가 넓고 자원이 풍부한 남반구 – 아프리카의 자연환경과 인문환경 알아보기

멕시코

학년	과목	주제
6학년 1학기	사회	2. 우리 경제의 성장과 과제 (2) 우리 경제의 성장 과정 – 경제 성장을 위한 경제 주체들의 노력 알아보기
6학년 1학기	사회	2. 우리 경제의 성장과 과제 (4) 세계 속의 우리 경제 – 자유 무역 협정에 대해 살펴보기
6학년 2학기	사회	2. 세계 여러 지역의 자연과 문화 (2) 육지가 넓고 인구가 많은 북반구 – 북아메리카의 자연환경과 인문환경 알아보기
6학년 2학기	사회	3. 정보화, 세계화 그리고 우리 (2) 세계화와 우리 생활 – 세계화의 쟁점 사례를 이해하기

콜롬비아

학년	과목	주제
5학년 2학기	과학	2. 용해와 용액 – 물의 온도에 따라 녹차와 커피 등 용질이 물에 녹는 양 비교하기
6학년 2학기	사회	1. 우리나라의 민주 정치 (4) 인권과 인권 보호 – 우리가 할 수 있는 인권 보호 활동하기
6학년 2학기	사회	2. 세계 여러 지역의 자연과 문화 (3) 바다가 넓고 자원이 풍부한 남반구 – 남아메리카의 자연환경과 인문환경 알아보기
6학년 2학기	사회	3. 정보화, 세계화 그리고 우리 (4) 통일과 인류 공동 번영의 길 – 국제 연합의 지구촌의 갈등과 문제 해결을 위한 노력

플랜의 중심에는 항상 **아이들**이 있습니다.

어린이와 지역 주민이 지역 사회 개발을 위한 다양한 프로젝트에 참여할 수 있게 돕는 어린이 중심의 지역 개발 사업 (CCCD: Child Centered Community Development)을 수행하고 있습니다.

교육
- 학교 및 유치원 신축 건립 및 개보수
- 교보재 및 교육기자재, 장학금 지원
- 교육 수준 향상을 위한 교사 양성

의료·보건
- 예방접종 및 영양실조 관리
- 보건소 건립 및 의료진 양성
- 영유아, 모성 보건 증진을 위한 산모 건강 관리
- HIV/AIDS 치료 및 예방 사업

식수 및 위생
- 우물 펌프 및 식수대 설치
- 화장실 설치 및 유지 관리
- 위생 의식 향상을 위한 지속적인 캠페인과 교육

생계 지원
- 소액 금융 대출 서비스 및 저축 프로그램을 통한 수입 창출 지원
- 직업 교육 센터 운영 및 기술 교육 프로그램 지원
- 가축 및 곡식 종자 지원

아동 권리 보호
- 여자아이들의 차별과 폭력으로부터 보호, 여성 권리 향상을 위한 Because I am a Girl 캠페인
- 기본적인 권리 보장과 사회적 참여를 위해 출생 등록 신고를 돕는 Count Every Child 캠페인
- 학교와 가정 내 아동 폭력 방지를 위한 Learn Without Fear 캠페인
- 어린이 참여를 위한 Child Media 프로그램 지원

긴급 구호
- 재해 지역의 긴급 구호 물품 배급 및 비상 식량 지원
- 임시 대피소 내 아이들의 심리적 안정과 안전을 위한 아동 친화적 공간 조성
- 장기적 재건 사업 지원 및 재난 상황 대비 훈련

463-400 경기도 성남시 분당구 판교역로 231 H스퀘어 S동 912호
Tel. 02-790-5436 | Fax. 02-790-5416

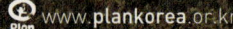 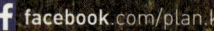
www.plankorea.or.kr   facebook.com/plan.kr   twitter.com/plankorea

또 하나의 나, 우리
플랜코리아

세계 최대 국제 아동 후원 단체
영국에 본부를 둔 75년 이상의 개발 원조 역사를 가진 플랜은 현재 영국, 미국, 호주 등의 21개 후원국의 모금을 통해 아시아, 아프리카, 중남미 50개 수혜국의 3천만 명 가량의 어린이와 가족들을 후원하고 있습니다.

신뢰성을 인정받은 비종교, 비정치, 비정부 NGO
플랜은 모든 종교, 정치와 정부로부터 분리되어 지역 개발 사업을 수행하고 있습니다. UN경제사회이사회의 특별 협의 단체로 인정받은 플랜은 세계적인 신뢰도 평가기관인 'The One World Trust'에서 사업 수행 능력과 투명성을 인정받았습니다.

받은 사랑을 되돌려 주는 플랜코리아
플랜은 1953년부터 1979년까지 양친회라는 이름으로 전쟁의 폐허 속에서 굶주림과 추위에 떨고 있는 65만 명의 대한민국 어린이들을 돕는 구호 활동을 펼쳤습니다. 이후 경제 성장으로 한국에서 철수했다가, 1996년 한국의 경제 성장을 통한 OECD 가입을 계기로 수혜국이었던 한국이 '플랜코리아' 라는 이름으로 후원국이 되었습니다. 이제 플랜코리아는 오래 전 받은 사랑을 다시 나누어 주고 있습니다.

플랜코리아는 플랜인터내셔널의 한국 지부입니다.